Untersuchung

des

Grundschuldbegriffs.

Civilistisch-ökonomische Abhandlung

von

L. Kühnast,
Königl. Kreisrichter.

Zweite erweiterte Ausgabe.

Berlin, 1878.
Verlag von J. Guttentag (D. Collin).

Inhalt.

Zweiter Abschnitt.

Die Grundschuld in fremder Hand.

1. Einleitung.

Die dogmatische Analyse des Instituts der Grundschuld darf in mehr als einer Richtung das Interesse des Tages in Anspruch nehmen.

Der preußische Praktiker hat mit der gesetzlichen Duplizität der kündbaren Grundstücksbelastung die Amtspflicht überkommen, zur Theorie der Grundschuld Stellung zu nehmen. Will er der Aufgabe des Tages gerecht werden, die Anträge der Parteien in einer ihrem wahren Willen entsprechenden Form aufzunehmen, so muß er die Rechtsgeschäfte von ihrem faktischen Material frei halten, wo dessen Konservirung für die Interessenten nach ihrer eigenen Ansicht und Absicht von keiner Wichtigkeit ist, weil er dadurch allein den Grundbuchrechten diejenige Freiheit und Beweglichkeit sichert, auf welche der Verkehr eines Kulturvolks der Neuzeit das Gesetz gedrängt hat, weil er dadurch aber auch allein den Interessenten überflüssige Kosten zu ersparen im Stande ist. Die einfachsten Beispiele sind die besten. Treten die beiden Auflassungsparteien in die Gerichtsstube und wünschen mit einer in manchen Gegenden stereotypen Kürze die Verschreibung des Grundstücks und des Kaufgeldes, so kann der Richter den wahren Intentionen der Parteien nicht gerecht werden, ohne eine Verhandlung darüber, ob die Konservirung des faktischen Rechtsbestandes der Auflassung und des Kaufgelderrückstandes für die Parteien von irgendwelcher Wichtigkeit ist. Ohne die Sicherheit des eigenen theoretischen Standpunkts, welche ihm allein die Erforschung der Absichten der Parteien ermöglicht, kann er sich nicht entscheiden, ob er Kaufvertrag, Auflassung und Bewilligung der Eintragung einer Hypothek oder Auflassung und Bewilligung der Eintragung einer Grundschuld aufnimmt. Noch schlagender ist das Kosteninteresse der Parteien, wo der Käufer des Grundstücks dasselbe bereits weiter veräußert hat, und aus seinem Veräußerungsvertrage Kaufgeld geschuldet wird, während seine kontraktlichen Beziehungen zu seinem Veräußerer, dem eingetragenen

Eigenthümer, bis auf die Bewilligung der Eintragung des Eigenthums sämmtlich erfüllt sind. Legt hier der erste Käufer auf die Verbindung der persönlichen Haft des zweiten Käufers mit dem für das zweite Kaufgeld zu bewilligenden dinglichen Recht kein Gewicht, dann wäre es ein nicht nur überflüssiger, sondern Kosten geradezu vergeudender Umweg, statt einer Auflassung zwischen dem eingetragenen Eigenthümer und dem zweiten Käufer und der Bewilligung der Eintragung einer Grundschuld für den ersten Käufer zwei Auflassungen und Eigenthumseintragungen und einen Kaufvertrag zwischen dem ersten und zweiten Käufer vorzunehmen, um den Schuldgrund für die für den ersten Käufer zu konstituirende Hypothek zu fixiren. Selbst der einfache Antrag des eingetragenen Eigenthümers, wie er dem instrumentirenden Richter häufig dahin unterbreitet wird, Geld auf das Grundstück eintragen zu lassen, muß einer Prüfung dahin unterworfen werden, ob der Eintragung eine zu sichernde persönliche Schuld überhaupt zu Grunde liegt, ob die Verbindung der etwaigen persönlichen Haft des Eigenthümers mit der Eintragung verlangt und bewilligt wird, ob dem einzutragenden Recht ein solcher Verkehr in Aussicht steht, daß die elastischen und kostenlosen Verkehrsformen der Grundschuld den Interessenten von Beginn an gewahrt bleiben müssen. Jeder Praktiker weiß außerdem, daß das beengende Gesetz in früherer Zeit Richter und Notare zwang, die Parteien Zwecks Sicherung von Anerkennungsvertragssummen, Abrechnungsgeschäftssaldis und anderen abstrakten Fundirungen faktischer Rechtsbestände Darlehnschuldgründe simuliren zu lassen, während die Intention der Parteien auf nichts Weiteres ging, als abstrakte dingliche Rechte zu etabliren. Derartige Prüfungen alle werden durch ein Mißtrauen gegen den Rechtsgedanken der Grundschuld verkümmert. Der Praktiker kann sich über die Theorie der Grundschuld auch nicht in der Meinung hinwegsetzen, daß, „so lange es noch zwei Gattungen kündbarer Belastungen giebt, von denen die eine dem Gläubiger mehr Rechte überträgt als die andere, der richterliche Rath (der übrigens in allen Fällen außerhalb der richterlichen Stellung und Befugniß liegt) zur Wahl der minder günstigen mit einer gewissen Verantwortlichkeit verknüpft sei." Den größeren Rechten des Gläubigers entsprechen höhere Pflichten des Schuldners, zu deren Uebernahme zu rathen gewiß verantwortlich ist, da die persönliche Haft des Konstituenten der Hypothek zu Härten und, wie in einem anderen Zusammenhang dargethan werden wird, zu legalen Ungerechtigkeiten führen kann. Am Wenigsten kann der Praktiker die Insinuation sich gefallen lassen, daß es „Bequemlichkeitsliebe" des Grundbuchrichters sei, die Form der Grundschuld zur geeigneten Anwendung zu bringen. Sache besonderer Bequemlichkeit ist es nicht, sich über die fundamentalen juristischen Verschiedenheiten zwischen einer Hypothek und einer Sicherungsgrundschuld, zwischen einer Kautionshypothek und der kautionsweisen Hingabe eines in blanco abgetretenen Grundschuldbriefs des Eigenthümers klar zu werden. Sache der Bequemlichkeit ist es noch viel weniger, in diesen Richtungen die Formen der Bucheintragungen dem wahren Willen der Interessenten dienstbar zu machen.

Ihrer theoretischen und praktischen Wichtigkeit entsprechend, beginnt die Konstruktion der Grundschuld die gemeinrechtliche Literatur zu beschäftigen. Es ist besonders die Frage nach der juristischen Natur und der begrifflichen Nothwendigkeit des Abhängigkeitsverhältnisses zwischen Pfandrecht und Pfandforderung, welche die Wissenschaft erörtert. Windscheid widmet dieser Frage in seinem Lehrbuch der Pandekten ein besonderes Interesse, Exner, verstehen wir ihn recht, stellt in seiner Kritik des Pfandrechtsbegriffs aus seiner Feder eine besondere Erörterung dieser Frage in Aussicht, Gustav Hartmann muntert in seiner klassischen Abhandlung über die Rechte an der eigenen Sache dazu an, durch eine selbständige, möglichst auf die letzten Prinzipien des Sachen- und Obligationenrechts zurückgehende Untersuchung die wirkliche Lösung der praktischen Einzelfragen der Theorie der Grundschuld zu versuchen.

Von eminenter praktischer Wichtigkeit wird diese Theorie durch die Beschlüsse der Kommission zur Ausarbeitung eines bürgerlichen Gesetzbuchs für Deutschland. Es verlautet[1]), daß die Kommission eine ausschließliche Rechtsform für das Pfandrecht an Grundstücken anstrebt. Diese Hypothek soll entstehen durch die auf Grund der Bewilligung des eingetragenen Eigenthümers erfolgte Eintragung einer bestimmten Summe in das Grundbuch, wobei in der Eintragungs-Bewilligung und demzufolge im Grundbuch vermerkt werden kann, daß die Hypothek zur Sicherheit für eine namhaft zu machende Schuld bestellt sei. Durch die Hypothek soll der Gläubiger das Recht erlangen, die eingetragene Forderung im Wege der Exekution in das Grundstück beizutreiben. Der eingetragene Eigenthümer soll auf seinen Namen Hypotheken eintragen lassen können. Er soll dadurch das Recht erlangen, über die Hypothek zu verfügen und auf Andere die vollen Rechte des Hypotheken-Gläubigers zu übertragen. Bei Zwangsversteigerungen soll er die Hypothek für sich gegen die Kaufgeldermasse geltend machen können und durch

---

[1]) Gruchot, Beiträge, 1877. S. 240.

freiwillige Veräußerung die vollen Rechte des Hypotheken-Gläubigers erlangen.

Die Züge dieser Zukunfts-Hypothek sind die der neupreußischen Grundschuld.

Schon gegenwärtig scheint die Zeit gekommen, der Prognostika zu gedenken, welche der Grundschuldpraxis gestellt sind. Des Todtenlieds, das der pseudonyme Verfasser der meditationes discontinuae über die Realkreditfrage und die Entwürfe der neuen preußischen Gesetze[1]) der Grundschuld vor ihrer Geburt gesungen, geschweigen wir, da sich solche geschmacklosen Gebilde einer unsauberen Phantasie mit reinen Handschuhen nicht anfassen lassen. Während aber Heidenfeld schon 1873[2]) die Meinung vertrat, daß, neben der Hypothek stehend, die Grundschuld mehr die Theorie als die Praxis interessiren würde, hatte Förster in seinem Grundbuchrecht[3]) die entgegengesetzte Zuversicht ausgesprochen, da die Erfahrung immer gelehrt habe, daß, wenn das Recht zwei Arten oder Formen eines im Wesentlichen dieselben Zwecke verfolgenden Rechtsinstituts gleichberechtigt neben einander stelle, von denen die eine umständlicher und schwerfälliger, die andere leichter sei, jene erstere sehr bald absterbe. Die Zuversicht des berühmten Juristen, welche er im Herrenhaus auch als die Auffassung der Staats-Regierung vertreten hatte, hat sich bis jetzt nicht bewährt. Sie ließ bei ihrer Berechnung zwei Faktoren außer Acht, welche nach unserer Auffassung in erster Linie der Grundschuld die Herrschaft auf dem Hypothekenmarkt verwehren: das chronische Mißtrauen der Grundbuchrichter, das in der Praxis lähmender wirkt als der Theoretiker glauben mag, und eine bei diesem Mißtrauen nicht ganz merkwürdige Unkenntniß der betheiligten Kreise des Publikums über das Recht der Grundschuld.

Die Stellung der richterlichen Praktiker ist erklärlich, wenn man einen Ueberblick über die große Divergenz der theoretischen Konstruktionen der Grundschuld nimmt. Sie erscheint trotz dieser Divergenz über die letzten Prinzipien des Instituts kaum vollständig gerechtfertigt; denn sie dürfte außer Acht lassen, daß dasselbe juristische Problem in der Geschichte der Reallasten thatsächlich zu einer überreichen Praxis gekommen ist, daß andererseits gerade das ehrwürdige Pfandrecht in den jüngsten Dezennien in seinen letzten Prinzipien immer fragwürdiger geworden ist, so daß die Ueberzeugung derer sich immer mehr Bahn

[1]) S. 234.

[2]) Immobiliarrecht, S. 146.

[3]) S. 24.

brechen müßte, daß gerade das Pfandrecht, weil es der vollen Bestimmtheit seines Grundbegriffs immer noch entbehrt, ein historisch unfertiges Recht ist[1]). Der Unterschied ist nur der, daß die Praxis den Praktiker bereits gezwungen hat, zum Pfandrecht und zu den Reallasten theoretische Stellung zu nehmen.

In einem gewissen Zusammenhang mit dieser Unfertigkeit der Grundschuldtheorie steht auch die Unkenntniß vieler betheiligten Kreise des Publikums von der Duplizität der Grundstücksbelastung und dem besonderen Recht der Grundschuld. Selbst große Zeitungen bieten, so fern sie dieses Institut überhaupt in die wirthschaftliche Debatte ziehen, bisweilen des Ungeheuerlichen so viel, daß man sich nicht wundert, wenn der gebildete Leser solcher Blätter sich Zeit und Lust versagt, Klarheit über die kreditwirthschaftlichen Fragen, welche die Konstruktion der Grundschuld begleiten, zu suchen.

So bringt die Augsburger allgemeine Zeitung, ein Blatt, das wir darum zitiren, weil es in wirthschaftlichen Dingen ein aufmerksames Gehör beanspruchen darf, nachdem es sich um „das größte Ereigniß deutscher Geschichte zwischen Waterloo und Königgrätz", die Gründung des Zollvereins, ein historisches Verdienst erworben hat[2]), in ihrer Beilage vom 27. Juli 1877 folgende „harmlose" Plauderei aus München über die

— — „Feinheit des Unterschiedes zwischen Hypothek und Grundschuld, welche der Leonhardt'schen Legislation gelungen ist, und worauf man in der nordischen Metropole sehr stolz sein soll. Uns zurückgebliebenen Süddeutschen hat freilich schon i. J. 1823 ein gewisser Gönner in seinem Kommentar zum Hypothekengesetz die in Preußen als eine neue Entdeckung angestaunten Hypotheken auf sich selbst als eine verderbliche Institution geschildert, indem er auf Jaqueminot's Rapport im Rath der Fünfhundert hinwies, welcher vor mehr als einem halben Jahrhundert die jetzt Grundschuld genannten, ehedem cédules hypothécaires betitelten Hypotheken auf den Inhaber schilderte als la mobilisation de toutes les fortunes territoriales, qui ne sert que l'infidélité et porte la désolation dans toutes les familles honnêtes. Indessen, wie die Dinge jetzt stehen, ist alle Hoffnung vorhanden, daß diese wohlgelungene Uebertragung des Gründerthums auf den Realkredit mit der beabsichtigten bürgerlichen Kodifikation auch bei uns ihren Einzug halten wird,

---

[1]) Exner, Kritik des Pfandrechtsbegriffs, S. 2.

[2]) Roscher, Geschichte der National-Oekonomik in Deutschland, S. 949.

freudig begrüßt von jener Klasse der Bauunternehmer, die mit Schulden, verfaulten Balken, Wechselreiterei und Mörtel ohne Kalk ihre Musterhäuser aufstellen. Zu den Grundsätzen der gegenwärtigen freisinnigen Gewerbeordnung würde die Neuerung jedenfalls trefflich passen; sie gehört zur Vervollständigung des Systems des unbeschränkten laisser faire, das unser soziales Leben beherrscht." — —

Die Feder sträubt sich, weiter abzuschreiben. Wenn etwas die Aussichten auf das Gelingen des großen Nationalwerks zu verdunkeln geeignet ist, dann ist es ein gedankenloses partikularistisches Mißtrauen gegen die Gaben, welche von der anderen Seite des Main dem großen Einigungswerk geboten werden.

Die Zitate aus Gönner und Jaqueminot sind in Berlin nicht unbekannt gewesen. Sie sind ausführlicher und richtiger bereits in den ältesten Ausgaben des Fünf=Männer=Buchs[1]) jedem preußischen Juristen vor Augen getreten. Das Zitat aus Jaqueminot, das dem schwächeren Gedächtniß schon durch Leo Sternberg's vorerwähnte Parteischrift in Erinnerung gebracht war, verfehlt in der Zeit der allgemeinen Wechselfähigkeit jeden Eindruck. Das Oberhaupt der honneten Familie, das sich selbst keine Grenzen bei der Realisirung seines Realkredits setzt, hat seit lange viel bequemere Wege, sein Grundeigenthum mobil zu machen, als sie die Bewilligung der Eintragung einer Grundschuld bietet. Der Edle braucht nur von seinem Fauteuil aus Wechselaccepte zu emittiren und dem Banquier die Mühe zu überlassen, dieselben zur Ausklagung und Eintragung in das Grundbuch zu bringen. Der Grundeigner, der soviel wirthschaftliche Ueberlegung hat, Grundschulden besseren Ranges für sich eintragen zu lassen, um sie für Nothfälle zu reserviren, während er eine untere Post sogleich zur Verwendung bringt, wird auch selbst den Zeitpunkt zu bestimmen wissen, wo er jene Briefe emittirt. Jaqueminot legt, was die Augsburger Zeitung verschweigt, ein Hauptgewicht auf le système d'un nouveau papier monnaie proposé. Inhaberpapiere sind aber bei Rentenkäufen bereits im Anfang des 14. Jahrhunderts in Deutschland recht häufig vorgekommen, und zwar auch in Baiern.

Zitat gegen Zitat. Vor mehr als vierzig Jahren bevorwortete von der Hagen seine Epoche machende Schrift über die Hypothek des Eigenthümers mit der Bemerkung[2]), daß, wenn in einem Recht, wie

[1]) vgl. z. B. die 3. Ausgabe, Band 9, S. 3 in der Einleitung: Grundzüge des Hypothekenwesens.

[2]) S. I.

das preußische, welches eine mehr praktische als wissenschaftliche Bearbeitung erfahren hat, eine Kontroverse sich anhaltend behauptet und stets erneut und vervielfältigt, dieses nur als ein Symptom dafür gelten kann, daß das Bedürfniß des praktischen Lebens einen neuen Grundsatz geboren hat, der noch nicht zur völligen Klarheit der Entwicklung gelangt ist. Die Saat reift heute rascher im Schooß der Zeit als sonst. Sollte in vierzig Jahren regsten wirthschaftlichen Lebens nicht diese Entwicklung gereift und die Zeit erfüllt sein, daß die juristische Theorie den Zügen dieser Wirthschaftsentwicklung folgt, sofern sie die Wege klar und sicher befindet? —

Fast überall ist man geneigt, die Grundschuld als eine Neuschöpfung, als ein rein modernes Gebilde zu betrachten. Und wenn man dem geistigen Vater unseres Gesetzes trotz der erstaunlichen Resultate neuerer Romanistik auf dem Gebiet der Anerkennungsverträge und der Inhaberpapiere zugeben muß, daß es mehr als bedenklich ist, neue Bildungen des modernen Rechtslebens nicht aus ihrer Eigenartigkeit zu erklären, sondern aus Analogieen, welche dem römischen Recht entlehnt sind, wenn Ihering einmal den Glauben an eine Unveränderlichkeit der Rechtsbegriffe als eine kindliche Vorstellung bezeichnet, die von einem völlig unkritischen Studium der Geschichte zeuge, so wird dennoch eine jede wissenschaftliche Betrachtung eines angeblich modernen Rechtssatzes mit einer besonnenen Prüfung seiner historischen Legitimation anheben.

Auch das moderne Recht ist kein jus cerebrinum. Wie das Recht überhaupt kein Geschenk der Offenbarung ist, sondern ein Naturerzeugniß des menschlichen Geistes, so ist auch der Fortschritt des Rechts wie der Natur überhaupt niemals ein unvermittelter. Das Naturprinzip der größtmöglichen Kraftersparung, das die aufsteigende Entwicklung alles organischen Lebens auf der Erde beherrscht — eine der bestkonstatirten Thatsachen der neueren Naturwissenschaft — muß sich auch bei dem Fortschritt des Rechts in der Oekonomie, bei der Zeugung und Wandlung der logischen Individualitäten des Rechts bewähren.

Dieser wissenschaftliche Glaube an eine organische Fortbildung des Rechts kann heute zu Tage nicht mehr als ein einseitiges Postulat der historischen Richtung der Jurisprudenz gelten. Es ließe sich des Weiteren nachweisen, daß er ebenso das Resultat der kräftigsten Richtungen der Philosophie unseres Jahrhunderts ist.

Ein bekannter Kompendiënverfasser fragte einmal mit einem Anflug gewisser Naivität: ob die Jurisprudenz nicht auch neue Begriffe formuliren dürfe. Ihm wurde die Antwort: gewiß, wenn sie richtig sind und einem Bedürfniß entsprechen. Niemand kann sich aber verhehlen — wir zitiren ein Wort von E. J. Bekker — wie mißlich es ist, wirklich neue Konstruktionen zu erdenken, wie nahe dabei die Gefahr liegt, aus dem juristischen in das unjuristische Denken oder Phantasiren zu gerathen.

Eine gewisse Vorsicht beim Accept der Modernität wird aber auch durch manche Thatsachen der früheren Gesetzgebungsgeschichte gerechtfertigt.

Wie das unnatürliche Irrlicht jenes unwandelbaren Vernunftrechts, das sich sehr zu Unrecht Naturrecht nannte, seine Lehrer oft genug damit geneckt hat, daß das deutsche Rechtsbewußtsein es war, welches in ihren naturrechtlichen Grundsätzen und in ihrer Kritik des römischen Rechts an Terrain gewann, wie oft genug die Praktiker deutsche Rechtswahrheiten in Form römischer Rechtsirrthümer vorgetragen haben, so hat auch in den großen Kodifikationen Preußens das deutsche Recht mehr Raum zu gewinnen vermocht, als den Redaktoren überall bewußt gewesen, vielleicht mehr als gegenwärtig bereits nachgewiesen ist. Sie wählten bei Kontroversen, welche sich über dem gemeinen Recht entwickelt hatten, oft diejenige Entscheidung, welche nicht dem Buchstaben und Sinn des fremden Rechts entsprach, „in welche sich aber die einheimische Auffassung geflüchtet hatte, um unter dem Schein einer auf das corpus juris gegründeten Autorität ihr Dasein zu fristen." Indem sie aus der beliebten Natur der Sache deduzirten, einem Prinzip, das zu den gefährlichsten Werkzeugen wissenschaftlicher Argumentation gerechnet werden muß und, im Sinne von Runde und Anderen durchgeführt, die vollkommenste Beseitigung jeder Wissenschaft ebenso sicher herbeiführen würde, als dieses durch den ehemaligen Einfluß des alten Naturrechts geschehen mußte, indem die Redaktoren in dieser, jedes inneren Halts entbehrenden[1]) Argumentationsmanier operirten, kamen sie unwillkürlich nicht in die römische, sondern in die deutsche Rechtsanschauung hinein[2]).

Wir erwähnen diese auch für das österreichische Gesetzbuch bezeugte Thatsache, weil wir die wohl allgemein anerkannte Meinung, daß die Grundgedanken unserer Gesetze vom 5. Mai 1872 germanistisch sind, auch für die Grundschuld durchzuführen versuchen, weil wir meinen, daß dieses Institut neben anderen in erster Linie geeignet ist, die Prophetie

---

[1]) vgl. z. B. die Definition bei Mühlenbruch, Pand. 4. Aufl. I, § 42.

[2]) Stobbe, Geschichte der deutschen Rechtsquellen, II, S. 416 flg. 433 flg. 469. von Gerber, das wissenschaftliche Prinzip des gemeinen deutschen Privatrechts, S. 310, 311.

derer zu rechtfertigen, welche dem Geist des germanischen Rechts die Entwicklung weittragender Rechtsgedanken prognostizirt haben, zu denen der römische Rechtsgeist für sich allein niemals hätte gelangen können.

Daß der Verfasser die ökonomische Seite des Rechts in den Kreis seiner Betrachtungen gezogen hat, dürfte bei diesem eminent kreditpolitischen Thema am Wenigsten befremden. Und wie man auch im Einzelnen über die „gegenseitig befruchtende Verbindung" denken möge, welche zwischen Volkswirthschaftslehre und Rechtswissenschaft in neuerer Zeit mit einem weit aussehenden Programm zu insceniren versucht worden ist, wie man auch im Allgemeinen über den Stand der Entwicklung jener jüngsten Wissenschaft urtheilen möge, deren Entwicklungsprozeß sich als eine nur allmählich fortschreitende Emanzipation von einer philosophischen Behandlung zu der einer so genannten exakten Wissenschaft charakterisiren lassen dürfte — so viel ist gewiß, daß eine wissenschaftliche Behandlung des praktischen Rechts die beiden Quellen seines Lebens: seine historische und seine ökonomische Richtung verfolgen muß. Auf diesen beiden Seiten stehen die realen Mächte, mit denen der Absolutismus der Rechtslogik rechnen muß, will er sich nicht dem Leben, dem er zu dienen berufen ist, entfremden. Sind doch Jurisprudenz und politische Oekonomie nach Carey's schönem Bilde[1]) nichts als Zweige eines Stammes: der Sozialwissenschaft.

[1]) Adlers Ausgabe von H. C. Carey's Lehrbuch der Volkswirthschaft und Sozialwissenschaft. Zweite Auflage, S. 3.

Erstes Kapitel.

Kritik.

---

2. Das Werthrecht.

Die eigenartigste aller Grundschuldtheorien ist die von Bremer mit einer kritischen Berücksichtigung des preußischen Gesetzentwurfs aufgestellte Werthrechtstheorie, nach welcher ein dingliches Recht auf Verwerthung der Sache und Aneignung des Erlöses ohne alle Beziehung zu einem persönlichen Schuldverhältniß statuirt wird.

Als Vorläufer von Bremer ist aber bereits Dankwardt zu nennen, welcher schon früher auszuführen versucht[1]), daß der ihm nur so genannte Realkredit kein Kredit sei, daß vielmehr in der Entstehung einer hypothekarischen Forderung ein Austausch von Werthen liege, indem der Pseudo-Pfandgläubiger gegen den von ihm gegebenen Werth einen anderen Werth zurückerhalte. Die Geltendmachung des Pfandrechts ist hiernach Dankwardt nichts als eine Realisirung dieses schon vorher aus dem Vermögen des Pfandschuldners ausgeschiedenen Werths, die actio hypothecaria erscheint ihm als Vindikation eines Werths also, daß der Pfandgläubiger denn auch im Konkurse des Pfandschuldners die Eigenschaft eines Vindikanten trage.

Bremer's Werthrecht sucht folgenden Platz im System[2]): Das Eigenthumsrecht sei sowohl auf die Nutzung als auch auf die Verwerthung der Sache gerichtet, die Servitut nur auf die Nutzung, das Pfandrecht nur auf die Verwerthung. Während der Eigenthümer in seinem Recht beide Befugnisse vereinige und also an seiner eigenen Sache

---

[1]) National-Oekonomie und Jurisprudenz. III, S. 48, 49. National-ökonomisch-juristische Studien S. 60.

[2]) Hypothek und Grundschuld S. 63.

nicht noch eine Servitut oder ein Pfandrecht haben könne, sei es sehr wohl denkbar, daß der Eigenthümer, der einem Anderen eine Servitut bestellt, und daß der Eigenthümer, der einem Anderen ein Pfandrecht bestellt, sich selbst im Voraus einen Theil des Werths reservire. Er habe dann weder eine Servitut noch ein Pfandrecht, sondern nur sein Eigenthum gegenüber dem kollidirenden Recht eines Anderen innerhalb gewisser Grenzen geschützt. Mit dem Eigenthum als auf die Nutzung gerichteten Recht sei die Servitut, mit dem Eigenthum als auf die Verwerthung gerichteten Recht sei das Pfandrecht und das Werthrecht auf das Engste verwandt. Kinder eines und desselben Rechtsgedankens: des Rechts auf den Werth der Sache sei das Pfandrecht, das Werthrecht und die Hypothek an der eigenen Sache.

Bremer ist kein Geringerer als Windscheid[1]) beigetreten. Schon das römische Recht habe die Auffassung des Pfandrechts als eines accessorischen nicht unversehrt durchgeführt. Wenn es in den bekannten Fällen den Fortbestand der Forderung für das Pfandrecht annehme, so thue es das nur im Interesse theoretischer Vermittelung. In Wirklichkeit lasse es das Pfandrecht ohne Forderung fortbestehen. Auf diesem von dem römischen Recht nur schüchtern betretenen Wege sei das moderne Hypothekenrecht im Anschluß an das Institut der Hypothekenbücher weiter gegangen. Nicht nur habe es das, was im römischen Recht für den Fortbestand der Hypothek nur in einzelnen Fällen anerkannt sei, zur Regel erhoben und die eingetragene Hypothek für unabhängig erklärt von jedem Schicksal, welches die Forderung als solche trifft, sondern es habe in neueren Gesetzen selbst den, im römischen Recht auch nur des mindesten Anhalts entbehrenden Satz anerkannt, daß auch die Entstehung einer Hypothek einer Forderung nicht bedürfe. In dieser Entwicklung sei das Pfandrecht ein selbstständiges Recht auf Aneignung eines bestimmten Theils des Vermögenswerths einer Sache geworden.

Weiterhin behandelt Lorenz von Stein[2]) das „Werth- oder Pfandrecht“ als einen vollständig sicheren wirthschaftlichen und rechtlichen Begriff.

Man pflegt die Bremer'sche Theorie mit der widersinnigen Konsequenz abzufertigen, daß sie die Zahlungsleistung des Eigenthümers nicht als eine Verpflichtung desselben begründen könne, da der Inhalt eines solchen Werthrechts nicht auf Zahlung, sondern nur auf Verwerthung

---

[1]) Pand. 4. Aufl. I., § 225.

[2]) Gegenwart und Zukunft der Rechts- und Staatswissenschaft, Seite 126, 237.

des Grundstücks gehe. Und in der That vermag Bremer den Nachtheil der mora accipiendi nicht zu erklären. Indessen liegt die eigentliche juristische Schwierigkeit darin, daß der Eigenthümer die Veräußerungs-Befugniß aus seinem Eigenthumsrecht nicht lösen kann, weil das Eigenthum kein Bündel von Befugnissen ist, sondern die Allgemeinheit der Rechte an der Sache.

Wir halten diese Behauptung aufrecht, wiewohl man das Recht des Verkaufs als einen Bestandtheil des Eigenthumsrechts charakterisirt und dieses Eigenthumselement durch seine Absonderung aus dem Eigenthum zum eigentlichen Inhalt des römischen Pfandrechts zu erheben versucht hat. Wir halten diese Behauptung auch aufrecht, nachdem uns von hochbedeutender Seite der Einwurf geworden:

„Warum sollte nicht das Recht, eine fremde Sache zu veräußern eben so gut den Inhalt eines dinglichen Rechts bilden können, wie das Recht, eine fremde Sache zu benutzen?"

Versuchen wir, die Frage zu beantworten.

Das Eigenthum ist eine kapitalistische Potenz. Die Folge ist die, daß alle jura in re ebenfalls kapitalistische (Kapital bildende oder Kapital erhaltende) Potenzen sind. Eine solche Potenz ist das Recht, eine fremde Sache zu benutzen; denn der Gebrauch des Werths hat als Gebrauch stets selbst einen Werth. Eine solche Potenz ist das Pfandrecht; denn es sichert die Forderung, die ebenfalls ein Werth ist, und diese Sicherung ist wieder selbst ein Werth. Das absolute, nackte Veräußerungsrecht ermangelt jedes selbständigen wirthschaftlichen Inhalts. Das Recht, eine fremde Sache zu verkaufen, ist keine Beschränkung oder Belastung fremden Eigenthums, sondern das Recht der Vernichtung des Eigenthums in einer bestimmten Person. Das Recht, eine fremde Sache zu verkaufen, hat ohne das Recht der Befriedigung aus dem Erlös, das seinerseits wieder als begriffliches Korrelat die Forderung voraussetzt, für welche die Befriedigung eintritt, nicht einmal einen selbständigen rechtlichen Inhalt.

Das Pfandrecht des Hypothekengläubigers und das Recht des Grundschuldgläubigers geht schon darum in dem Verkaufsrecht nicht auf, weil es noch nach dem Verkauf und nach der Verkündung des Zuschlagsurtheils fortdauert. Das römische Pfandrecht ist in dem Verkaufsrecht schon darum nicht aufgegangen, weil der nachstehende Pfandgläubiger wahrscheinlich kein Recht des Verkaufs hatte, jedenfalls nicht mit bleibender Wirkung dem vorhergehenden Pfandgläubiger gegenüber verkaufen konnte. Thatsache ist es außerdem, daß die Vorstellung von der prokuratorischen Stellung des verkaufenden Pfandgläubigers gegenüber dem Eigenthümer die römische Jurisprudenz in einem erheblichen Maße beschäftigt hat.

Anders würde auch das dingliche Recht: das Veräußerungsrecht wie die Obligation „nur leben, um unterzugehen, nur ein Mal recht leben, in dem Augenblick, wo es untergeht[1]."

Das πρῶτον ψεῦδος der Bremer'schen Theorie ist der nationalökonomische und juristische Fehler, eine der Sache an sich nicht immanente und überdies bei Grundstücken rein formelle Qualifikation der Sache als den Inhalt[2]) eines dinglichen Rechts zu statuiren.

Der Werth ist etwas Externes, weil er nur das Verhältniß[3]) bedeutet, in welchem die Sache zum Bedürfniß und dadurch mittelbar zu anderen Gütern steht, weil die Sachverhältnisse an sich selbst niemals über die Werthe der Dinge bestimmen, weil jederzeit die Produktionsschwierigkeit oder überhaupt der Beschaffungswiderstand[4]) es ist, nach welchem der Werth der Güter entsteht. Nicht, was uns die Dinge leisten, so formulirt Dühring das Verhältniß, sondern was wir leisten müssen, um zu den Dingen zu gelangen, entscheidet über Dasein und Größe ihres Werths.

Wir bezeichnen den Grundstückswerth als einen rein formellen und unselbständigen Begriff, weil er selbst nur eine aus der Grundrente abgeleitete und künstlich aus der Vergleichung mit dem Geldkapital gewonnene Größe ist. Güterpreise sind formelle Kapitalisirungen der Grundrente[5]); und da die Grundrente selbst mit den Veränderungen des Zinsfußes unmittelbar nichts zu schaffen hat, so ist es klar, daß ihre Kapitalisirung verschiedene Bodenwerthe ergeben kann.

Kreditwirthschaft und Tauschwerth (von dem Bremer offenbar spricht) sind wirthschaftlich so durchaus heterogene Dinge, daß keine Rechtstheorie einen Konnex zwischen ihnen herstellen kann.

Nicht den Tauschwerth erfaßt die Kreditwirthschaft in den Gütern[6]),

---

[1]) Lenz, Studien und Kritiken, S. 101.

[2]) Bremer, S. 54.

[3]) Roscher, National-Oekonomie, 2. Aufl. § 8 Anm. 3.

[4]) Dühring, Kursus der National- und Social-Oekonomie 2. Aufl. S. 403, 526

[5]) Rodbertus, Grundrententheorie (Abdruck von 1875 u. d. T. „Zur Beleuchtung der socialen Frage") S. 120 flg. Dühring a. a. O. S. 163, 296. Roscher. § 154.

[6]) Vgl. von Scheel, die wirthschaftlichen Grundbegriffe im corpus juris civilis — in Hildebrand's Zeitschrift für National-Oekonomie, Band 6, S. 333, 336.

sondern den Produktivwerth: die in den Gütern enthaltene Produktivkraft, die Fähigkeit der Güter zu fernerer Produktion, (verschieden selbstverständlich von dem Produktionswerth). Die Geldwirthschaft ist es, die den Tauschwerth in den Gütern bildet und faßt, wie die Naturalwirthschaft — um die Parallele in ihrer Vollständigkeit wirken zu lassen — den Konsumtionswerth. Die Bremer'sche Rechtstheorie negirt geradezu die ganze Kreditwirthschaft, der sie dienen soll. Sie führt in der That zu dem Ausgangspunkt der Dankwardt'schen Theorie. Sie basirt den Realkredit auf die Subhastation — nicht als die ultima ratio, sondern als das principium.

So müssen wir Bremer gleich die Vordersätze seiner Deduktion bestreiten. Die Sache soll als bloßes Werthstück (res) vom Eigenthümer behandelt werden, wenn er sie verwerthe; eine Sache verwerthen heiße aber: sie zu Gelde machen, verkaufen. Ein jeder Kredit ist ein selbständiger wirthschaftlicher Werth, und demnach schon die Verpfändung eine Verwerthung der Sache; ebenso die Vermiethung, Verpachtung — Befugnisse, die offenbar im Werthrecht nicht enthalten sind. (Vgl. l. 7 Cod. de reb. al. non al. 4, 51.)

Die Verwerthung, von der Bremer spricht, ist keineswegs immer eine Realisirung ihres Werths. Der „wirkliche Werth" (unsere Vermuthung, daß der Tauschwerth damit gemeint sei, kann natürlich fehlgehen) wird nicht immer durch den Verkehr bestimmt, wie Bremer behauptet. Der wirkliche Werth (soviel wir uns bei diesem Wort denken können) liegt immer nur in der allgemeinen Möglichkeit, deren Unterschied von der speziellen Wirklichkeit (dem Preis) groß genug ist, daß auf ihm das ganze Institut der laesio enormis Platz findet[1]).

Es sind die ausgezeichneten Untersuchungen Schäffle's[2]) über die Preisbildung, welche diesen Punkt derart geklärt haben, daß man die landläufige[3]) juristische Auffassung: daß der Tauschwerth bei den Verhältnissen, die auf den Umsatz der Güter berechnet sind, Preis heiße — als überwunden bezeichnen kann. An sich bestehen hiernach für ein und dasselbe Gut der Regel nach in Folge des Gegensatzes zwischen Arbeiten und Begehren, zwischen der Schätzung der Kosten und der Schätzung des Bedürfnisses auf Seiten der beiden Täuscher zwei verschiedene Tauschwerthschätzungen. Der Preis ist nicht der Tauschwerth, sondern die Ver-

---

[1]) Roscher a. a. O. § 99, Anm. 1.

[2]) Kapitalismus und Sozialismus mit besonderer Rücksicht auf Geschäfts- und Vermögensformen, S. 35 flg.

[3]) Statt weiterer Zitate: Puchta, Pand. 11. Aufl. § 38.

mittlung dieser beiden Kosten — und Gebrauchswerthschätzungen, die Folge und der Ausdruck des Vergleichs zwischen Parteien, welche verschiedene Werthschätzungen vertreten.

Man darf sich nicht von vornherein sträuben, Bremer zuzugeben, daß die Sache nur als Werthstück und nicht nach ihren individuellen Eigenschaften der Gegenstand des Pfandrechts ist. Konkrete Individualität und bloßes Werthstück sind auch nicht solche Gegensätze. Auch das Pfandrecht an einer für die allgemeine Möglichkeit werthlosen Sache hat immer ein Objekt. Das Pfandrecht erfüllt oft seinen Zweck durch sein bloßes Bestehen. Die Verwerthung des Pfandobjekts ist eine Eventualität, die als solche durch das Pfandrecht keineswegs erstrebt wird[1]).

„Den Inhalt des Pfandrechts bildet das nexum habere pignus." „Im Bewußtsein der Sicherheit beruht der Genuß des Pfandrechts[2])."

Es ist natürlich, daß die Etablirung eines Rechts von gleicher Struktur, wie das römische Pfandrecht zeigt, dem aber der accessorische Charakter fehlt, der die begriffliche Voraussetzung des Pfandrechts ist[3]), sich in den Rechts-Extremitäten nicht bewähren kann. Eine Verzinsung des veräußerten Werths ist grundlos. Bremer erklärt denn auch die Vereinbarung, daß der Eigenthümer einen Theil der Früchte (eventuell in Geld) an den Werthberechtigten herausgebe, nur für rationell insofern, als die Sache, welche die Trägerin des Werths sei, Früchte trage. Die Vereinbarung wäre also rein accidentiell und ohne alle organische Verbindung mit dem Werthrecht. Gleichzeitig sehen wir aber, daß Bremer hier — wie Stobbe in seinem deutschen Privatrecht erinnert — unvermittelt den obligatorischen Karakter der Grundschuld postulirt. Betrachtet man ferner eine Sache lediglich als Tauschgut, zerlegt und verpfändet man sie nach Werthquoten, so führt ein solches Divisionsexempel nimmermehr auf eine Rangordnung unter den Divisen, auf frühere oder spätere Werthquoten. Eine Werthverminderung oder die Realisirung eines mindern als des durch Konstituirung der dinglichen Rechte ausgegebenen Werths müßte die Werthquoten gleichmäßig vermindern. Der Vorrang der Posten bleibt darum und weil die verschiedenen Werthe der Sache, welche von den verschiedenen, nach einander

[1]) Gustav Hartmann, Die Obligation, S. 139. Es ist sogar wahrscheinlich, daß der Gläubiger, dem eine Sache ehedem zur fiducia gegeben war, das jus vendendi nicht hatte.

[2]) Exner, Kritik des Pfandrechtsbegriffs, S. 48.

[3]) Dernburg, Pfandrecht I., S. 97, 104. Buchka, Hypothek des Eigenthümers, S. 52.

aufgelegten Werthrechten ergriffen werden, durch den Verkauf offenbar nicht realisirt werden, unerklärt. Unerklärt ist auch das Aufrücken der Hypotheken bei Löschungen. Ist wirklich nur die spätere Werthquote gebunden, wie kann das Werthrecht ohne Weiteres auf eine frühere überspringen.

Man hat den Werth, da er keine äußere Grenze hat, da er wachsen und abnehmen kann, ohne Rücksicht auf die einzelne Sache als Träger der unendlichen Entwicklungsfähigkeit des Güterlebens die Seele der Sache genannt. Wir acceptiren diese Idee eines der Vertreter des Werthrechts, glauben aber gerade darum, weil der Werth ein Begriff der Rechtsmetaphysik ist, ihm alle unmittelbare Nützlichkeit absprechen zu müssen, in dem Rechtskörper der Grundschuld die Nerven des Organismus darzulegen und deren Thätigkeit zu erklären[1]).

3. Der Realwechsel, das Dogma von der Exigibilitätsbeschränkung und die Personifikationsidee.

Die offizielle Jurisprudenz, die in den vom Königl. Justiz-Ministerium den Entwürfen beigefügten Motiven[2]) niedergelegt ist, hat für unsere Aufgabe nur doktrinellen Werth. Selbst als Interpretationsmaterial sind die Motive — wie Heidenfeld[3]) erinnert — um so schwieriger zu benutzen, als verschiedene Vorschriften des Gesetzes dem Entwurf, welcher einen in sich abgeschlossenen Plan verfolgte, nur aus Utilitätsgründen eingefügt sind, trotzdem aber Sätze, welche gerade den eigenartigen Grundgedanken des Entwurfes zum Ausdruck bringen sollten, mit unwesentlichen Aenderungen beibehalten sind.

Das Eine ist vorweg zu konstatiren, daß die Motive der wissenschaftlichen Konstruktion der Grundschuld volle Freiheit lassen, volle Freiheit auch von den Anschauungen des Mecklenburgischen Rechts.

Die Motive vermeiden es nämlich, sich darüber auszusprechen, wie

---

[1]) Eine Klärung des Werthrechts-Begriffs hat uns die Schollmeyer'sche Redaktion der Bremer'schen Theorie (Hypothek des Eigenthümers, S. 38 und 54) nicht gegeben. Das Recht ergreife die Sache, aber nur nach der Seite ihres Werths, die Sache sei das Objekt, aber nur zu einem bestimmten Werth. Der Werth der Sache, das heiße (??) ihr Erlös.

[2]) Die Geschichte unserer Gesetze giebt der noch keineswegs gesicherten Doktrin über die Benutzung der parlamentarischen Verhandlungen zur Auslegung der Gesetze (von Mohl, Band 1, S. 96 flg. der Monographien über Staatsrecht, Völkerrecht und Politik) besonders in den juristischen Kompromissen ein interessantes Material.

[3]) Immobiliarrecht, S. 114.

die Eigenthümer-Hypothek des Entwurfs theoretisch aufzufassen. Sie überlassen es der Wissenschaft, zu erwägen, ob die Hypothek des Eigenthümers in der Hand des Eigenthümers als eine wirkliche Hypothek anzusehen, ob ihm neben seinem Eigenthum noch ein besonderes dingliches Recht am Grundstück zustehe, ob die Hypothek auf dem eigenen Grundstück als ein realer Bestandtheil seines Mobiliarvermögens angesehen werden, ob der Eigenthümer in einer Person Gläubiger und Schuldner sein kann, ob diesen logischen Unmöglichkeiten und unklaren Vorstellungen dadurch auszuweichen ist, daß man dem Grundstück seinem Eigenthümer gegenüber eine selbständige Persönlichkeit vindizirt, oder ob die Hypothek in der Hand des Eigenthümers nur ein ihm gegebenes formales Dispositionsrecht ist.

Zu demselben Resultat führt das Studium der parlamentarischen Vorverhandlungen. Der Bericht der Kommission des Herrenhauses bezeichnet z. B. das Verhältniß der Grundschuld zu der persönlichen Verpflichtung des Grundschuldners als ein besonders schwieriges Problem und erwartet die Lösung dieses Problems erst von der Wissenschaft und Judikatur[1]).

Uebrigens läßt sich auch gar nicht verkennen, daß auch in den Motiven eines Gesetzes omnis definitio periculosa. Hat sich doch auch die Reform selbst den Weg dahin vorgezeichnet, daß es bei der Feststellung der allgemeinen Gesichtspunkte ebenso wie bei der speziellen Durchführung wesentlich auf die Befriedigung der praktischen Bedürfnisse des Verkehrs ankommt.

Wiewohl den Motiven also die Analyse der Grundschuld des Eigenthümers, des treibenden Elements des ganzen Gebildes fehlt, das schon in der Entwicklung der preußischen Eigenthümer-Hypothek trotz aller positiven Hemmnisse mit einem so zwingenden Gegendruck reagirt hatte, daß es die Kraft seiner praktischen Impulse bewährte, definiren sie dennoch das Princip der Selbständigkeit der Hypothek des Entwurfs. Sie gehen von der Voraussetzung aus, daß die Hypothek nur zur Sicherheit einer Obligation und nicht ohne einen solchen Zweck bestellt werden kann, und gelangen vermöge der Annahme einer gesetzlichen Annahme eines Verzichts auf die Einreden aus dem persönlichen Schuldverhältniß und der angeblichen Analogie des Wechsels zu dem Schluß, daß die Hypothek in ihrem Zweck zwar eine accessorische Stipulation, in ihrer formalen Begründung selbständig und deshalb unabhängig, so

[1]) Werner's Ausgabe der Gesetze, II. S. 59.

zu sagen, ein Realwechsel sein soll. Die Voraussetzung, die beiden Mittelglieder dieser Deduktion und der Schluß derselben sind an sich bedenklich und für die Grundschuld des Gesetzes unannehmbar.

Das Gesetz der Kontinuität ist stärker als die legislatorische Invention unserer aufgeklärten parlamentarischen Gesetzgebung.

Die Voraussetzung, die zugleich einen Unterschied der Hypothek des Entwurfs von der Reallast darstellen soll, cessirt thatsächlich bei der Bestellung der Grundschuld auf den Namen des Eigenthümers und bei der Bestellung zur Tilgung eines bestehenden Schuldverhältnisses, wo die zum Zweck der Solution bestellte Grundschuld ein geeignetes Objekt zur datio in solutum bildet[1]). Sie cessirt, wo die Grundschuld donandi animo, dotis constituendae, conditionis implendae gratia, emptionis, permutationis causa geschieht, wo sie auf den Namen des Trödlers bestellt wird, um mit dessen Blanko-Abtretung rem aestimatam vendendam dare.

Der Schluß ist unannehmbar; denn könnte die Grundschuld wirklich nur zur Sicherheit einer Obligation und nicht wie eine andere Reallast ohne einen solchen Zweck bestellt werden, so wäre sie in ihrer Existenz durchaus von der Forderung abhängig. Ein in seinem Zweck accessorisches, in seiner Begründung selbständiges Recht ist, abgesehen einmal davon, daß der formale Akt der Eintragung den Charakter der Hypothek ohne Weiteres nicht gut ändern kann, daß diese Metamorphose wenigstens bislang nicht ausreichend erklärt ist, genau das, was die Motive selbst verurtheilen[2]): eine Vereinigung des accessorischen und prinzipalen Karakters des Rechts. Accessorische und principiale Qualität sind einmal logische Gegensätze. Ein Recht, welches die Bestimmung hat, einem außerhalb desselben liegenden Zwecke zu dienen, kann nicht zugleich seinen Zweck in sich selbst tragen[3]).

Und die Mittelglieder jener Deduktion?

Die Annahme der gesetzlichen Annahme eines Verzichts auf die aus der rechtsgiltigen Entstehung des persönlichen Schuldverhältnisses gegen die Rechtsbeständigkeit der Hypothek zu richtenden Einreden, die nach den Motiven ganz allgemein das Princip der Selbständigkeit der Hypothek ausmachen soll, ist von denselben mit besonderer Rücksicht auf § 40 des Entwurfs aufgestellt, dem in dem Gesetze eine der Wechselstrenge

---

[1]) Entsch. des Reichs-Ober-Handelsgerichts. Band 18, S. 68.

[2]) Bremer a. a. O. S. 20.

[3]) Buchka a. a. O. S. 5.

nachgebildete Grundschuldstrenge substituirt ist. Eine Verwendung dieser Deduktion zur Erklärung des Gesetzes ist uns nicht bekannt. Sie ist auch von Förster[1]) allgemein, aber ohne nähere Begründung aufgegeben. Den ihr nicht gerade mit Wohlwollen diktirten[2]) Reiz der Neuheit hatte jene Deduktion nicht. Sie war bereits in der Theorie der Inhaberpapiere von sehr bedeutenden Juristen[3]) versucht worden — freilich ohne eine Erklärung, wie solche Beseitigung aller gegenwärtigen und zukünftigen Einreden in Bausch und Bogen dem dritten Inhaber aus einem Vertrag mit dem ersten Nehmer entstehen soll, und wie ein solches pactum privatorum das jus publicum (lex Anastasiana, S. C. Macedonianum)[4]) brechen könne.

Jene Deduktion ist zuvörderst ein methodischer Fehler, weil die Interpretation des Parteiwillens sich niemals durch juristisch-dogmatische Gesichtspunkte — wie Kuntze einmal bemerkt — leiten lassen darf, und die Nichtexistenz des durch Interpretation zu findenden Verzichtwillens auch einmal bewiesen werden könnte. Juristisch ist sie darum nicht haltbar, weil ein Verzicht auf ein künftiges Recht nur dann denkbar ist, wenn dasselbe mindestens bereits angebotenes Recht (jus delatum) ist, während hier die Parteien ein solches Recht sich gerade vorenthalten, und weil außerdem die Wirksamkeit und Giltigkeit eines Verzichts bei Forderungsrechten von der Genehmigung des Gegentheils abhängt[5]), eine solche Acceptation aber z. B. bei der Auflassung des Grundstücks an einen neuen Eigenthümer, der eine für den auflassenden alten Eigenthümer eingetragene Eigenthümer-Grundschuld zufällig gar nicht kennt, nur durch die willkürlichsten Fiktionen konstruirt werden könnte. In allen Fällen ist ein Verzicht ein bewußtes Aufgeben[6]) von Rechten, und dieses Bewußtsein nicht zu fingiren.

Uebrigens ist die Deduktion für die Selbständigkeit der Grundschuld gleich gefährlich vom Standpunkt des Entwurfs wie von dem des Gesetzes aus. Die Grundschuld wird recht eigentlich prinzipiell in ein Abhängigkeitsverhältniß von der persönlichen Schuld herabgesetzt, wenn die

---

[1]) Grundbuchrecht, S. 139.

[2]) med. disc. S. 238.

[3]) Vgl. Kuntze, Inhaberpapiere, S. 209; Unger, Inhaberpapiere, S. 26, 27.

[4]) Ob der Verzicht auf das S. C. Vellejanum zulässig ist, ist bekanntlich streitig. Arndts, Pand. § 361.

[5]) Bacher, Revision des Verzichtsbegriffs in Gerber und Ihering's Jahrb. Band 5, S. 222, 228, 258, 259.

[6]) Bähr, Anerkennung, 2. Aufl. S. 217, 223.

Folgen der Abhängigkeit nur durch eine fiktive Sublimirung des Parteiwillens eliminirt werden sollen.

Die Motive ziehen, wie erwähnt, die Analogie des Wechsels heran und sprechen von einem Realwechsel. Bähr hat dann den Hypothekenbrief des Entwurfs einen auf das Grundeigenthum ausgestellten Wechsel, einen dinglichen Wechsel genannt, den die Bauern auf ihre Grundstücke ziehen oder vielmehr nach Bähr nicht ziehen sollen. Endlich beschreiben noch neuerdings Dernburg und Hinrichs[1]) die Grundschuld als eine selbständige, in blanco cedirbare, an den Grundschuldbrief geknüpfte, als eine (welche?) Art von Wechsel mit dinglicher Sicherheit gedachte Belastung des Grundstücks mit einer Summenschuld.

Die Analogie soll nach den Motiven von vornherein nur dann zutreffen, wenn ein Wechsel ausgestellt wird, um die Erfüllung einer materiellen Schuldverbindlichkeit zu sichern, indem dann die Ausstellung oder Acceptation des Wechsels „in Wirklichkeit" den Charakter einer accessorischen Stipulation habe, und also auch die Hypothek in ihrem Zweck eine accessorische Stipulation, in ihrer formellen Begründung selbständig sein soll. Schon in dieser Beschränkung offenbart die Analogie ihre Schwäche. Für die Grundschuld des Eigenthümers, das treibende Element des ganzen Gebildes, beweist sie garnichts.

Was anders ist der Acceptant, der den Wechsel durch ein Giro erworben — fragt Wilhelm Hartmann[2]) — als der Inhaber eines abstrakten Nomens? Keine andere Bedeutung hat solch ein Wechsel in der Hand des Acceptanten, als daß daraus nach dem Verfall das Deckungsverhältniß begründet werden kann. Die eigentliche Wechseleigenschaft tritt erst wieder durch die Trennung des Wechsels von der Person des Hauptverpflichteten ein. Anders die reale Unterlage der Grundschuld des Eigenthümers, der auf dritte Personen die vollen Rechte eines Grundschuldgläubigers überträgt und bei Vertheilung der Zwangskaufgelder die Grundschuld für sich geltend macht, auch dann, wenn ihm das Eigenthum am Grundstück belassen wird.

Wäre aber die Grundschuld ein Grundwechsel, so darf man allerdings fragen, warum dann nicht auch ein Grundkonkursrecht? „In letzter Instanz wird das Kreditgeschäft und die Verhaftung aus dem Wechsel nur durch die Konkurs-Ordnung gehalten[3])."

---

[1]) Preußisches Hypothekenrecht, I, S. 62.

[2]) Das preußische Immobiliarsachenrecht, S. 66.

[3]) med. disc. S. 37.

Der Wechsel trägt den Verpflichtungswillen, der Grundschuldbrief nicht, weil ein persönlicher Verpflichtungswille[1]) die Grundschuld unmittelbar überhaupt nicht creirt. Mit keiner Silbe deutet die Bewilligung der Eintragung einer Grundschuld die Uebernahme einer persönlichen Verpflichtung an. Das Formular des Grundschuldbriefs läßt sich garnicht — wie Bähr[2]) es versucht — in ein praktisches Deutsch dahin übersetzen, daß der Eigenthümer bekennt, mittelst des Grundstücks die Summe zu schulden, weil derartige formelle und darum in jeder Silbe bedeutungsvolle Erklärungen lediglich in ihrer Ursprache gefaßt werden können.

Und wie wäre die Haft des Eigenthümers vermittelst des Grundstücks civilistisch zu erklären? Ist das Grundstück das Mittel der Haft, dann fällt ihm eine immer erst zu definirende Hauptfunktion für die Obligation zu, welches durch das Dogma von der Exigibilitätsbeschränkung jedenfalls nicht erklärt wird.

Man hat dieses Dogma durch den Hinweis zu stützen versucht, daß der moderne Rechtssinn es liebe, Vermögensobjekte um der in ihnen gelegenen Realsicherheit willen so hervorzudrängen, daß in ihrer Existenz und in ihrem Werthinhalt die begründete Verbindlichkeit gleichsam sich thatsächlich erschöpft, sie somit gewissermaßen selbst als Schuldner und das wirkliche Schuldner-Individuum gleichsam nur als Repräsentant der im Vordergrunde stehenden Vermögensobjekte vorgestellt werde[3]). Dergleichen Bild- und Gleichnißwerk ist aber ein Abfall vom ersten Gebot juristischer Analyse; denn die bloße rechtssinnliche Liebe ist ebensowenig ein juristisches Princip, wie die effektvollste Scenerie eines Vordergrundes und eines Hintergrundes. Diese Scenerie blendet die Aussicht dahin, wo das juristische Residuum bleibt, das die thatsächliche Erschöpfung der Obligation im Hintergrunde läßt. Daß die Beschränkung der Exekution nicht den Bestand der Obligation tangirt, beweist der Uebergang derselben auf den Benefizialerben und die Aufhebung der Schuldhaft. Wenn die Exekution auch noch so beschränkt ist, bleibt der Obligationswille in suam partem absolut gebunden. Das Dogma von der Exigibilitätsbeschränkung ist auch offenbar kein civilistisch-struktives Princip. Es sucht das civilistische Phänomen durch ein heterogenes, prozessuales, das heißt publizistisches Element zu erklären.

[1]) Heidenfeld a. a. O. S. 122.

[2]) Preuß. Gesetzentwürfe über die Rechte am Grundvermögen. S. 102.

[3]) Kuntze, Inhaberpapiere, S. 505.

Begrifflich bedeutet die Beschränkung der persönlichen Haft das prinzipale Anerkenntniß ihres vollen civilistischen Bestandes.

Wo selbst thatsächlich die Exibilitätsbeschränkung zu finden, ist uns unerfindlich, falls hier nicht das Gesetz als deus ex machina eintreten soll. Die formelle Erklärung: ich bewillige die Eintragung einer Grundschuld von Tausend — deutet solche Beschränkung so wenig an, wie die Konstituirung einer persönlichen Obligation überhaupt.

Eine fingirte Klausel einer fingirten Willenserklärung — zwei Fiktionen, aus denen die Grundlinien der Rechtsfigur entstehen sollen — das ist nach unserem Verständniß das Geheimniß des Dogmas von der Exigibilitätsbeschränkung in seiner Bedeutung für die Grundschuld.

Die Fiktion gehört aber überhaupt nur in das Gebiet der Rechtssätze, nicht in das der Rechtsbegriffe. Man kann etwas setzen, wo ein anderes Konkretes nicht ist — man kann den Begriff aber nur aus der Anschauung des Konkreten, nicht aus dem konkreten Körper und einem demselben fiktionsmäßig angehängten Gedankending abstrahiren. Notiones a rebus abstrahuntur — sagt Bacon[1]).

So weit wir sehen, kann der Wechselzug des Eigenthümers auf sein Grundstück nur durch offene und ehrliche Personifizirung des Grundstücks gehalten werden.

Es ist diese Idee bekanntlich uralt und trotz aller Widerlegungen im Privatrecht wie im Staatsrecht immer wieder aufgetaucht. Wie sie hier den Zwecken einer angeblich organischen, im Grunde trotz aller Mystik in manchen wichtigen Punkten recht mechanischen Staatslehre eines Adam Müller[2]) dienstbar wurde, so hat sie dort die verschiedensten rechtsrettenden Thaten vollbringen sollen. Zur Konstruktion von Reallasten wurde sie von einer Reihe von Juristen, von Pothier[3]) herab bis auf Dankwardt[4]), verwandt, Heise[5]) erklärte das Grundstück auch in Betreff der Servituten für eine juristische Person, Böcking[6]) bezeichnet beide Grundstücke als das berechtigte und verpflichtete Subjekt,

---

[1]) Lorenz von Stein a. a. O. S. 106: „Wenn ich die allgemeine Kraft als eine begrenzte, in der bestimmten Erscheinung mir gegenübertretende erfasse, so entsteht der Begriff." vgl. v. Hartmann, Philosophie des Unbewußten, 5. Aufl., S. 263, 264.

[2]) Vgl. Bluntschli, Geschichte des allgemeinen Staatsrechts und der Politik. S. 504.

[3]) Dunker, Reallasten, § 7.

[4]) Studien, S. 90.

[5]) v. Savigny, System, II., S. 379.

[6]) Vgl. Rudorff zu Puchta's Pand. § 27, 183.

Dankwardt[1]) hält es keines Beweises bedürftig, daß die römischen Juristen sich die an einander stoßenden Grundstücke als Personen gedacht haben. Tschierpe[2]) faßt das Grundstück auf als Subjekt der auf demselben ruhenden Mecklenburgischen Hypothek, eine Auffassung, die zeitweise von dem Ober-Appellationsgericht zu Rostock getheilt sein soll. Auch W. Hartmann[3]) nennt einmal die actio hypothecaria die dingliche Klage gegen das Grundstück als Träger der Verpflichtung. Dieselbe Auffassung tritt auch in dem ausgezeichneten Kommentar unserer Gesetze von Achilles[4]) an einzelnen Stellen hervor: er erklärt ein Rechtsverhältniß zwischen der Vertretung des Grundstücks in der Subhastation und dem Eigenthümer desselben als Inhaber der Grundschuld für juristisch möglich, er hält das Grundstück, repräsentirt durch den Eigenthümer, für den eigentlichen Schuldner der Grundschuld.

Vergiebt man einmal die Persönlichkeit an ein Immobile, warum nicht auch an ein Mobile?

In der That erklären Volkmar und Löwy den Wechsel für den Gläubiger, für den Träger eines subjektiv dinglichen Rechts, eines aktiven Realrechts. Der Aussteller mache sich somit zum Schuldner seines Papiers[5]). In der That hat E. J. Bekker[6]) die Geldpapiere zu Rechtssubjekten erhoben, deren Inhaber gleichsam als jus possessionis nur die Befugniß haben sollen, das aktive Realrecht, das nicht ihr Recht wird, als Vertreter des Papiers (procuratores in rem suam) geltend zu machen. Die umgekehrte Verallgemeinerung dieser Mystik vermögen auch wir nur in der neueren Auffassung des römischen Pfandrechts als eine Forderung gegen eine verpfändete Sache zu erkennen[7]).

Wollte man hiernach kombiniren, so käme man zu einer Obligation, deren Gläubiger der in blanco abgetretene Grundschuldbrief, deren Schuldner das Grundstück.

Die Personifikationsidee ist mit den thatsächlichen Vorgängen des Rechtslebens ebenso unvereinbar, wie mit dem Begriff des Eigenthums und der juristischen Persönlichkeit. Die Repräsentation ist nach Brinz's scharfer Formel die Vollführung fremder Geschäfte nicht nur der Wir-

---

[1]) Studien, II, S. 160.
[2]) Turnau, Grundbuchordnung, S. 430. Buchka a. a. O. S. 65.
[3]) Immobiliarrecht, S. 67.
[4]) zu § 27 Eig. Ges. und § 95 G. B. O.
[5]) Vgl. Hartmann, Wechselrecht, S. 80.
[6]) Die Geldpapiere, Bekker u. Muther, Jahrb. Bd. 1, S. 266 flg, 292. 293.
[7]) Puchta, Pand. Vorl. 4. Aufl. 1, S. 416.

kung sondern auch dem Willen nach. Noch niemals dürfte ein Grundeigner die nothwendige Rechtsabsicht gehabt haben, als Vertreter seines Grundstücks zu handeln. Ein Grundeigner, der eine Grundschuld auf seinen Namen eintragen läßt, kann diese Absicht aus dem einfachen Grunde niemals gehabt haben, weil Niemand zwei einander gegenüberstehende Personen vorstellen kann. Wenn ferner der Vertreter der juristischen Person Rechte an ihrem Vermögen hat, so sind dieselben gesetzlich oder stiftungsmäßig limitirt[1]). Anders das Eigenthumsrecht. Die Stellung des Eigenthümers als eines Vertreters der juristischen Person des Grundstücks ist also ein Widerspruch. Mit der Idee der Person ist endlich sofort eine „produktive und gestaltende Kraft", die Rechtskapazität gesetzt, die ohne eine ganze Rechtssphäre nicht zu denken ist. Die Beschränkung der Persönlichkeit auf ein einzelnes Rechtsverhältniß und noch dazu auf eine einzelne Grundschuld würde in der That ein „Personenproletariat" schlimmster Kategorie heraufbeschwören[2]).

4. Die Realobligation.

Bähr's meisterhafte Kritik des Entwurfs hat das hohe Verdienst, den Begriff des römischen Formalakts für die moderne Hypothek zu verwerthen. Ob es ihm gelungen, den problematischen Zusammenhang des modernen Gebildes mit dem römischen Pfandrecht einerseits und andererseits der Realobligation zur Gewißheit zu erheben, ist seinen Kritikern durchweg bedenklich erschienen.

Wir erlauben uns, dem Meister gegenüber nur folgende Zweifel zu äußern:

Wenn die reine Realobligation sich in der Person des Besitzers der Hypothek römisch-rechtlich wirklich dadurch konstruiren sollte[3]), daß der dingliche Schuldner auf die ihm nach Nov. 4. c. 2 zustehende exceptio excussionis[4]) verzichtet, der persönliche Schuldner dagegen für seine Person ein pactum de non petendo eingeht, so würde die Gleichheit der äußeren Rechtsfolgen den inneren Organismus der einheitlich zu denkenden Realobligation um so weniger erklären, als zwei Mo-

[1]) Buchka, a. a. O. S. 67.

[2]) Kuntze, Inhaberpapiere, S. 530.

[3]) S. 97, 98: „es ist in der That ganz und gar die Hypothek des römischen Rechts, nur daß neben ihr keine Person haftet."

[4]) Schon Covarruvias erklärte die Reallast als eine Hypothek, bei der die exceptio excussionis ausgeschlossen sei.

mente durch Akte der Willkür (das sind Verzichte) eliminirt werden müssen. Man sieht von vornherein: diese römische Realobligation ist nicht aus ganzem Holze geschnitten.

Man darf aber auch zweifeln, ob jene Verzichte wirklich zu dieser Konstruktion ausreichen, ob das pactum de non petendo, das ohne Konsumtionskraft lediglich als äußere Thatsache eine exceptio doli giebt, die den Inhalt und Bestand der Obligation nicht berührt, nicht blos die Befreiung des Schuldners von dem Gläubiger bedeutet, ohne daß mit der Obligation selbst[1]) etwas vorgenommen wird, die Obligation mithin für das Pfand bestehen bleibt.

Das logische Räthsel der Realobligation soll sich einfach dahin lösen, daß bei derselben der jeweilige Eigenthümer eines Grundstücks mit diesem Grundstück hafte, daß die Hypothek in diesem Sinne nichts anderes sei, als die Forderung selbst in ihrer Richtung auf ein besonderes, mit dinglicher Kraft erfaßtes Exekutions-Objekt[2]). Was ist aber das Positive dieser dinglichen Kraft? Die negative Exigibilitätsbeschränkung gewiß nicht. Warum äußert sich diese dingliche Kraft nur Grundstücken gegenüber? Warum können nicht auch beliebige andere Vermögensstücke als Mittel der Haft ihrer Eigenthümer isolirt werden?

So glaubten wir fragen zu können, ohne Widerspruch befürchten zu müssen. Inzwischen ersehen wir, daß wir auch hier Gegnerschaft finden. Colberg[3]) behauptet, daß es rechtlich völlig zulässig sei, einen Darlehnsvertrag dahin abzuschließen, daß der Schuldner nur mit seinem Grundstück oder mit einem sonstigen einzelnen Vermögensstück für die Rückgabe haften solle, und daß seine Verpflichtung eine obligatorische, diese Haftung des einzigen Objekts aber dinglicher Natur wäre.

Wir glauben, bei unserer Auffassung stehen bleiben zu müssen. Zulässig ist eine solche Abrede gewiß, nur stellt sie keinen einfachen obligatorischen Thatbestand dar. Der juristischen Auffassung erscheint diese Abrede vielmehr als ein Doppeltes: als ein Darlehnsvertrag einerseits und andererseits als ein pactum adjectum de non aliter exequendo. Läßt sich auch dieses Rechtsverhältniß im Erkenntniß einfach dahin fixiren: daß Verklagter schuldig, die Darlehnssumme zu zahlen, zur Vermeidung

---

[1] Puchta, Pand. Vorles. 2, S. 39, 269. Arndt's Pand. § 267 Anm. 6. Kuntze, Obligation und Singularsuccession, S. 195. Maxen, Beweislast, Einreden und Exceptionen, S. 21.

[2]) S. 53, 87.

[3]) Ueber die Bedeutung des öffentlichen Glaubens in Beziehung auf den Erwerb von Hypotheken und Grundschulden, S. 60 und Anm. 2.

der Exekution in dieses bestimmte einzelne Vermögensstück, so ist das Rechtsverhältniß immer kein einfaches, und die Exekution keine Realisirung einer besonderen Dinglichkeit, sondern der allgemeine, nur durch besondere Parteiabrede beschränkte Exekutionszwang. In der That hat Colberg eine Analyse der dinglichen Natur dieser Haftung des einzelnen Exekutionsobjekts nicht einmal versucht. Es hat daher unseres Erachtens das Bewenden dabei, daß eine persönliche Haft vermittelst eines sachlichen Mediums ein innerer Widerspruch ist.

Bähr illustrirt die dingliche Haft durch die Parallele, daß eben so gut, wie die dingliche Haft sich in der Person des dritten Besitzers des Grundstücks verselbständigt, daß eben so gut die dingliche Schuld von vornherein selbständig hingestellt und übernommen werden könne. Diese Parallele erscheint uns nur als eine Formulirung des eigentlichen thema probandum. Eine wirkliche Verselbständigung der Hypothek in der Person des dritten Besitzers könnte nur mit der Annahme bestehen, daß mit dem Pfandrecht eine eigene neue Nebenobligation des Sachbesitzers als solchen entstehe, welche, als nur in der Pfandrechtsmacht wurzelnd, und nur durch sie indirekt auf Zahlung wirkend, als eine blos naturale erschiene. Unzweifelhaft ist diese, von bedeutender Seite für denkbar erklärte Auffassung nicht die der römischen Jurisprudenz[1]). Das römische Pfandrecht tritt nur um eines daneben stehenden Hauptrechts willen in das Leben[2]). Darum nennen die Römer das Pfandrecht eine Accession der Forderung und es stellt Ulpian dasselbe in l. 43 D. de solut. 46, 3 trotz aller äußeren Verschiedenheiten um dieses gemeinsamen Lebensprinzips willen mit der Bürgschaft zusammen. Darum bezeichnen die Römer den Pfandberechtigten so oft einfach als creditor. Entspringt diese Nebenobligation endlich aus der Macht des Pfandrechts, dann hat sie eben die Pfandrechtsmacht zu ihrer Voraussetzung, welche ihrerseits wieder ohne Obligation nicht zu denken ist[3]). „Das römische Pfand-

---

[1]) Hartmann, Obligation, S. 147.

[2]) Dernburg, Pfandrecht, 1., S. 514.

[3]) Extrem ist der Standpunkt des französischen Rechts. Code civil

2167. Si le tiers détenteur ne remplit pas les formalités qui seront ci-après établies, pour purger sa propriété, il demeure, par l'effet seul des inscriptions, obligé, comme détenteur, à toutes les dettes hypothécaires, et jouit des termes et délais accordés au débiteur originaire.

2168. Le tiers détenteur est tenu, dans le même cas, ou de payer tous les intérêts et capitaux exigibles, à quelque somme qu'ils puissent monter, ou de délaisser l'immeuble hypothéqué, sans aucune réserve.

2169. Faute par le tiers détenteur de satisfairē pleinement à l'une

recht ist ein Mittel für ein außerhalb liegendes ökonomisch-juristisches Ziel. Wo der Zweck fehlt, hat das Mittel als solches weder Sinn noch Existenzberechtigung[1])."

Die Bähr'sche Parallele schwächt sich, wie Buchka[2]) erinnert, auch in der Thatsache ab, daß das Petitum der hypothekarischen Klage ganz dem der rei vindicato nachgebildet ist, daß der dritte Besitzer nicht zu einer persönlichen Leistung verpflichtet ist, sondern der Pfandgläubiger nur einen Anspruch auf Herausgabe des Pfandes hat. In der That ist es die Eigenthumsklage selbst, welche dem Pfandberechtigten utiliter gegeben worden. So nennt Julian in fr. 16 D de serv. 8, 1 die actio hypothecaria eine ipsius fundi utilis petitio. So wird auch in l. 2 Cod. de quadr. praescr. 7, 37 die dingliche Klage des Pfandberechtigten mit der Vindikation des Eigenthümers zusammengestellt in den Worten; actiones in rem, dominii vel hypothecae gratia.

Eine historische Sicherung des Begriffs der Realobligation ist aber noch auf einem anderen Gebiet versucht worden.

Nachdem Stobbe in seiner berühmten Abhandlung zur Geschichte und Theorie des Rentenkaufs[3]) darauf hingewiesen, daß das deutsche Recht die beschränkte Haftbarkeit des Schuldners nicht blos beim Rentenkauf kenne, für den sie Albrecht und Duncker längst nachgewiesen hatten, sondern auch in anderen obligatorischen Verhältnissen, daß insbesondere (da Lehnsschulden und Verbodmung als Spezialrechte hier nicht interessiren) dann, wenn einem Gläubiger ein Grundstück für eine Schuld verpfändet sei, der Gläubiger sich nach einer Anzahl von Quellen nur an dieses, nach Zerstörung des Gebäudes nur an den Grund und Boden und an die Trümmer des Gebäudes halten könne, ohne einen weiteren persönlichen Anspruch, daß die Forderung untergegangen, wenn Thiere und nach einzelnen Quellen auch andere bewegliche Sachen zum Pfand gegeben, sobald das Thier beim Gläubiger gestorben oder das

---

de ces obligations, chaque créancier hypothécaire a droit de faire vendre sur lui l'immeuble hypothéqué, trente jours après commandement fait au débiteur originaire, et sommation faite au tiers détenteur de payer la dette exigible ou de délaisser l'héritage.

Rogron spricht dem entsprechend in seinem Kommentar (Brüsseler Ausgabe von 1849) von einer condamnation personelle tant contre le débiteur principal que contre les tiers détenteurs. Eine Kritik dieses Standpunkts bei Windscheid, actio, S. 19 flg.

1) Exner, a. a. O. S. 190.

2) a. a. O. S. 55.

3) Zeitschr. f. deutsch. R. Band 19, S. 178 flg.

Pfand sonst untergegangen, unternahm es v. Meibom[1]), eine allgemeine Lehre von Realschulden zu entwickeln, welche Obligationen sein sollen mit den Besonderheiten, daß einmal Schuldner jeder Besitzer der Sache sei, welche letztere nur die Nebenfunktion als Mittel zur Bestimmung der Person des Schuldners erfülle, sodann daß die Verbindlichkeit nur die Sache oder (was dasselbe bedeuten soll!) den Besitzer als solchen ergreife, also daß der Erwerber die Freiheit behalte, durch Aufgabe der Sache sich der Schuld zu entledigen.

Der geringste Vorwurf, den diese Theorie erfahren, scheint uns die „amphibienartige Natur" dieser „Unholde", wie die Realschulden anderwärts genannt sind. Sind doch Amphibien auch organische Wesen.

Unter Anwendung des üblichen Rezepts, daß der Grundschuld des Eigenthümers auf Kosten der Theorie eine Ausnahmestellung konzedirt sei, würde diese Theorie für die Konstruktion unserer Grundschuld den schätzbarsten Anhalt bieten, da das Prinzip der absolut freien Radizirung aller beliebigen Obligationsverhältnisse auf Grund und Boden die Abstraktion von der causa specialis selbstredend vertragen müßte.

Indessen ist die eigentliche historische Grundlage dieser Theorie, welche in der Natur des alten Pfandrechts liegt, von hochbedeutender Seite[2]) bestritten; und da die Rentenrechte unzweifelhaft Reallasten sind, das Institut der Realschuld aber einen entschiedenen Gegensatz zu den Reallasten bilden soll, so kann v. Meibom die für das Rentenrecht, das auch er für ein dingliches Recht erklärt, ausgebildeten Sätze nicht benutzen, um mit ihrer Hilfe ein durchaus gegensätzliches Institut zu stützen.

Was uns noch schwerer wiegt, ist das, daß v. Meibom eine eigentlich juristische Analyse seiner Realschuld nicht gelungen ist. Als solide civilistische Konstruktion eines solchen Gebildes, das, wenn es jemals historisch gewesen, unzweifelhaft deutschen Rechtes ist, können wir wenigstens den Aufbau der Fundamentalsätze desselben an der römischen Theorie der Noxalklagen nicht anerkennen. Dieser Bau konnte darum von vornherein nicht gelingen. In der That[3]) haftet der Schuldner bei der Noxalschuld mit seinem ganzen Vermögen; und es erlischt seine Verpflichtung durch Hingabe der Sache ohne Unterschied, ob der Schade, den jene verursacht hat, ihren Werth übersteigt oder untersteigt. Hin-

---

[1]) Bekker und Muther, Jahrb. 4, S. 442 flg.

[2]) v. Gerber, Reallast oder Grundschuld. Band 6, S. 266 flg. der Jahrb. von v. Gerber und Ihering.

[3]) Buchka, a. a. O. S. 79, 80.

gegen tritt der Renten- und Satzungs-Gläubiger in ein Verhältniß zu der Sache selbst, welches ein unmittelbareres ist, als das eines äußerlichen Piedestals.

So bleibt uns nach wie vor der Zweifel, ob die Realobligation das Wort ist, „das sich einstellt, wenn der Begriff fehlt," oder ob es das Wort ist, das nicht selten gerade bei den schwierigsten Untersuchungen „dem Gedanken voraus eilt."

5. Die Formalobligation.

Förster's Formalrecht auf die Leistung einer Summe, welche dem Eigenthümer desjenigen Grundstücks obliegt, dessen Werth zur Sicherung der Leistung eingesetzt ist, stellt sich als dingliches Recht dar[1]). Neben dem dinglichen Recht oder in demselben statuirt Förster die Formalobligation[2]), bezeichnet auch einmal das durch die Grundschuld dinglich zu sichernde Recht als ein Summenversprechen.

Es ist zu bedauern, daß das Verhältniß und der Konnex des dinglichen und des obligatorischen Moments von dem berufensten Vertreter preußischer Rechtswissenschaft und Gesetzgebung einer näheren Auseinandersetzung nicht unterzogen ist.

Leider nur Skizze sind auch die Andeutungen Gustav Hartmann's, der Förster's Definition ohne Vorbehalt annimmt, die Annahme einer wahren Obligation, eines Gläubigers und eines Forderungsrechts für unvermeidlich erklärt, der ebenso bestimmt den Charakter des Rechts am Grundstück als eines dinglichen Rechts betont, das sofort vermöge des rechtlichen Banns seine Kraft und Spitze gegen die unbestimmte Menge aller derer kehrt, welche später in rechtliche Beziehungen zur Sache treten; und den Konnex des dinglichen und obligatorischen Moments in der juristischen Möglichkeit findet, ein dingliches Recht gerade so gut für sich allein als äußere Sanktion und eventuelles Zahlungsmittel zur Sicherung eines bestimmten Bekommensollens zu verwenden, wie sonst für sich allein die persönliche Haftung. Die Obligation, ruhend auf dem abstrakten Summenversprechen, stecke hinter dem dinglichen Recht wie hinter ihrem Außenwerk. Das Forderungsrecht bestehe hier nicht als dingliches Recht, sondern nur kraft der Sanktion durch ein mit ihm verknüpftes dingliches Recht, indem das, auf seine

---

[1]) Grundbuchrecht, S. 139.

[2]) Grundbuchrecht, S. 141, 138.

formalen Voraussetzungen selbständig basirte, dingliche Recht implicite den Bestand des dahinter steckenden Forderungsrechts als einer bloßen Formalobligation aufrecht halte[1]).

In offenbarem Zusammenhang mit dieser Auffassung erklärt neuerdings Achilles[2]), der Unterschied zwischen Hypotheken und Grundschulden bestehe wesentlich nur darin, daß die Schuld, welche durch die Eintragung gesichert werden soll, bei der Hypothek in einer offen gelegten causa debendi, bei der Grundschuld in dem abstrakten Willen des Konstituenten ihren Rechtsgrund hat, so zwar, daß von der Grundschuld, weil dieselbe nur durch die Belastung eines bestimmten Grundstücks zur Wirksamkeit gelangt, das übrige Vermögen des Schuldners nicht angegriffen wird. Die Grundschuld sei also gewissermaßen eine Hypothek zur Sicherung eines abstrakten Forderungsrechts, dessen Gegenstand eine bestimmte Summe ist, mit Beschränkung der Exekution auf das verhaftete Grundstück.

Daß nun der Wille auch heute die Fähigkeit hat, das obligatorische Versprechen von seiner causa specialis[3]) zu isoliren, ist ja gewiß unzweifelhaft. Die Giltigkeit eines solchen Vertrages ist nicht einmal etwas Besonderes, Ausnahmsweises[4]). Im Gegentheil gewöhnen wir uns mehr und mehr, die Wirksamkeit rein formeller Verträge anzuerkennen[5]). Schon auf dem Wege der Interpretation versuchte die neuere Jurisprudenz und Judikatur, dem Bedürfniß des Geschäftslebens gemäß, dem absoluten Verpflichtungswillen als solchem rechtsverbindliche Kraft beizulegen. Man braucht nur mit dem Reichs-Oberhandelsgericht[6]), das diesen Zug der Zeit vorbehaltlos anerkennt, an die rechtliche Bedeutung

---

[1]) Die Obligation, S. 140.

[2]) In dem Aufsatz über die Anfechtung der Grundschuld in Johow's Jahrbuch, 6, S. 293.

[3]) Auch die abstrakte Obligation ist nicht sine causa. Ohne causa ist die obligatio immer inefficax. Kuntze, Inhaberpapiere, S. 172, Anm. 5. Was als eine juristisch genügende, von menschlicher potestas ausgehende Thatsache auftreten soll — sagt Leist, dogmatische Analyse röm. Rechtsinstitute, S. 55 — muß aus einem äußerlichen (formellen) und einem innerlichen (materiellen) Element bestehen. Corpus und animus bei der Besitzergreifung, die äußere That und der Wille bei der Begründung des Domizils, Uebergabe der Sache und justa causa bei der Tradition, formelle und (richtig verstanden) materielle causa bei obligatorischen Verträgen u. s. w.

[4]) Unger, Inhaberpapiere, S. 70.

[5]) Bekker, Geldpapiere, S. 367.

[6]) Stegemann's Sammlung, Band 8, S. 255, vgl. Bähr, Anerkennung, 2. Aufl. S. 323.

zu erinnern, zu welcher das Anerkenntniß in seinen mannigfachen Gestaltungen gelangt ist.

Indessen stehen die einfachsten Bedenken entgegen, die Grundschuld in das Formal-Obligationen-System zu stellen.

Hier entsteht das abstrakte Forderungsrecht aus der sua vi ac potestate wirkenden Konstituirung eines nomen, bei der Grundschuld aus der Eintragung. Daß die Bewilligung der Eintragung der Grundschuld unmittelbar kein nomen konstituirt, scheint uns unzweifelhaft. Die Form ist es, die positiv konstituiren soll. Die Form müßte also den Konstituirungswillen unzweideutig enthalten. Versprochen wird nun aber einmal durch den Akt der Bestellung nichts[1]).

Ruht die Obligation in der That auf einem abstrakten Summenversprechen, so ruht sie auf einem Vertrage. Auch der formelle Vertrag ist immer Vertrag, das heißt acceptirtes Versprechen[2]). Wo ist das Accept bei der Uebertragung der Grundschuld des Eigenthümers zu finden? Wo liegt die Zusammenschließung des abstrakten Willens der Parteien bei der Auflassung an Jemand, der zufällig nicht weiß, daß für den Auflassenden als Eigenthümer eine Grundschuld eingetragen ist. Wo liegt das Accept bei der auf einen fremden Namen ohne Wissen des Gläubigers eingetragenen Grundschuld. Und wie soll vor Allem der Eigenthümer mit sich selbst die Formal-Obligation kontrahiren? Das Recht der Grundschuld war in allen diesen Fällen nach dem Wort des Gesetzes bereits durch die Eintragung entstanden.

Ruht die Obligation wirklich auf einem Summenversprechen, besteht wirklich eine Obligation, so ist immer noch zu erklären, wie der spätere Eigenthumswechsel den Zahlungswillen des Versprechenden liberirt, wie der Zahlungswille durch die Beschränkung der Haft auf das Grundstück gespalten werden kann, und warum für den die Grundschuld konstituirenden Eigenthümer selbst dann, wenn man eine Beschränkung der Haft annimmt, nicht immer noch nach dem Besitzwechsel eine klagbare und zahlbare, nur exekutionslose Obligation verbleibt[3]). Das Fazit ist das, daß die Grundschuld keine Formal-Obli-

---

[1]) Voß, a. a. O. S. 509.

[2]) Unger, Inhaberpapiere, S. 85. Bähr, Anerkennung, 2. Auflage S. 17, Anm. 1.

[3]) Schon die rechtliche Möglichkeit einer richterlichen Verurtheilung — sagt Hartmann, Obligation, S. 129 — muß mit dem in ihr selbst liegenden Druck, ganz abgesehen von der Statthaftigkeit weiterer ethischer oder physischer Zwangsmittel zum Obligtionsapparat zur Noth ausreichen.

gation ist, und daß ein sicherndes Recht nur dann zur Existenz gelangt, wenn ein zu sicherndes Recht da ist, daß sich — „ein Nichts nun einmal nicht sichern läßt[1]).“

Und wäre alledem nicht so, immer müßte man auch bei einer Kombination der Realschuldtheorie oder des Dogmas von der Exigibilitätsbeschränkung mit der Abstraktion vom Kausalbezug der Grundschuld des Eigenthümers ihre angebliche Anomalie belassen.

6. Die Zustandsobligation und die Kategorie der Abschwächung der Rechte.

Voß[2]) scheidet die eigentliche Grundschuld von der uneigentlichen Grundschuld. Die eigentliche Grundschuld sei ein dingliches Recht zur Sicherung einer nur durch die eingetragene Summe nebst Zubehör inhaltlich bestimmten Zahlungsverbindlichkeit also, daß das obligatorische Moment sich kraft gesetzlicher Bestimmung an die Thatsache des erworbenen dinglichen Rechts, beziehungsweise passiv an das Eigenthum als Zustandsobligation anknüpft, daß der eingetragene Grundschuldgläubiger und der eintragene Eigenthümer nur der mögliche Gläubiger und Schuldner sind, und die Fixirung der Obligation für die Haupt- und Zinsverbindlichkeit erst durch besondere Thatsachen: Zahlungsaufforderung, Angebot, Kündigung, Zwangsversteigerung eintritt. Wie das Pfandrecht, dem es als Sicherungsmittel parallel gehe, sei die Grundschuld in zwei begrifflich trennbare Bestandtheile zu zerlegen, das obligatorische Moment sei aber auch selbst nicht einheitlich, sondern zerfalle in zwei verschiedene Obligationen, eine Haupt- und eine Zinsobligation. In der Form gleich, im Inhalt wesentlich verschieden, sei die uneigentliche Grundschuld des Eigenthümers, so verschieden, daß der Form zu Liebe die Eintragung von dem Inhalt des eingetragenen Rechts abweicht: ein zur grundbuchmäßigen Selbständigkeit erhobener Inbegriff von Eigenthumsbefugnissen, ein Vorbehalt von Ausschlußrechten, welcher, auf einen bestimmten Geldwerth veranschlagt, der Verfügung des Eigenthümers nur in der grundbuchmäßigen Form unterliegt. Es ist also die Form, der zu Liebe die Zinsen und die Rückzahlungsbestimmungen der Eigenthümer-Grundschuld eingetragen werden.

Zuvörderst ist zu konstatiren, daß die Eintheilung des Rechtskörpers

[1]) Bremer, a. a. O., S. 15.

[2]) Zeitschrift von Behrend und Dahn, Band 8, S. 477 flg.

in einen eigentlichen und einen uneigentlichen auch hier wieder einmal eine Unterscheidung in Etwas, was er ist, und Etwas, was er nicht ist, bedeutet. Diese Unterscheidung ist allemal ein theoretischer Nothbehelf, wie die Berufung an die gesetzliche Bestimmung, kraft der die Obligation an die Thatsache der Eintragung des dinglichen Rechts sich anschließen soll. Wo die Römer eine obligatio konstatiren, quae ex re venit, da deutet Ausdruck und Sache auf einen organischen Ursprung der Obligation. Schafft aber wirklich der Rechtssatz, dieser deus ex machina, aus der Eintragung das obligatorische Recht, so bleibt unerklärt, wie die Folge des Zustandes, die Obligation, zugleich das begriffliche Prius, das Sicherungsobjekt des dinglichen Sicherungszustandes sein kann, und warum andererseits die Person, welche die Rechtsfolgen des Zustandes zu tragen hat, ihr ganzes übriges Vermögen dieser Rechtsfolge ohne Weiteres entziehen kann.

Es ist zu bedauern, daß Voß die juristische Konstruktion der Inhaberpapier-Obligation nicht strenger entwickelt und ohne eine nähere Prüfung die Goldschmidt-Förster'sche Theorie auf die obligatorische Seite der Grundschuld anwendet. Wir halten diese Theorie nicht für so gesichert, daß auf sie die Theorie der Grundschuld gebaut werden könnte. Wir halten es nicht für denkbar, daß die Grundschuld trotz Perpetuirung des Zinsenlaufs erst dann zu einer vollen Rechtsexistenz gelangen soll, wenn ihr Untergang durch ihre Geltendmachung vorbereitet wird, daß Akte, welche sonst die Geltendmachung einer erworbenen Forderung bedeuten, hier mit der Bedeutung des Forderungserwerbes ausgestattet werden sollen, und daß trotz alledem der Sicherungszustand von vorne herein funktionirt.

Gereinigt von jeder historischen Färbung erscheint die Grundschuld des Eigenthümers in Buchka's[1]) Theorie.

Mit der Voraussetzung, daß das hypothekarische Recht seine Wirkung allein in Folge seiner formellen Begründung ausübt, ist ihm die Möglichkeit gesetzt, durch positive Bestimmung festzusetzen, daß die Hypothek auch dann existent werde, wenn der Eigenthümer Gläubiger werde. Die Vereinigung der obligatorischen Gegnerschaft in einer Person soll dann das Recht nicht ipso jure aufheben, sondern nur die Wirksamkeit desselben hemmen in ganz derselben Weise, wie ein an und für sich wirksames Recht durch eine ihm gegenüberstehende exceptio paralysirt wird. Einrede ist auch Buchka Recht gegen Recht. Ob Recht

---

[1]) a. a. O. S. 99—101.

und Gegenrecht in zwei Händen sei, wie bei der Exzeptio, oder in einer Hand, wie bei der Hypothek, soll ein thatsächlicher, kein begrifflicher Unterschied sein. Hierdurch ist die giltige Entstehung des Hypothekenrechts in der Hand des Eigenthümers und die temporäre Unmöglichkeit, dasselbe geltend zu machen, in der einfachsten Weise erklärt.

Das Mittel ist nicht so radikal, wie es scheint. Die Berufung an die positive Gesetzbestimmung, mit der die Deduktion anhebt, ist überflüssig, wenn die folgende Deduktion richtig ist, anders aber nichts als ein deus ex machina. Ein anderes Recht als ein positives, als das durch Gewohnheit oder Gesetz positiv gesetzte Recht existirt überhaupt nicht. An diesem unumstößlichen Satz der historischen Schule darf keine Schwierigkeit einer rechtlichen Konstruktion irre machen.

Die Parallele mit der Exzeptio trifft unseres Erachtens nicht zu. Bei der Grundschuld des Eigenthümers steht das Recht, die Grundschuld, dem Recht, dem Eigenthum, keineswegs gegenüber. Kein Kampf des Rechts gegen das Recht[1]), sondern die friedliche Vereinigung zweier Rechte in einer Person, in Wahrheit ein Recht. Es ist etwas Anderes, ob eine Thatsache die Wirksamkeit der anderen das Recht erzeugenden Thatsachen hindert, oder ob der Mangel des einen thatsächlichen Moments, das in seiner Verbindung mit einem anderen Moment (consensus duorum) das Recht erzeugt, es hindert, daß von einer rechtserzeugenden Kraft jener die Rede sein kann. Dort paralysirt die Wirkung des einen kompleten Thatbestandes (man spricht seit Kierulff's Vorgang allgemein von einem civilistischen Thatbestand) die Wirkung des anderen kompleten Thatbestandes, hier fehlt eine der nothwendigen Voraussetzungen des einen Thatbestandes.

Buchka's Gedanke vermittelt die allgemeine Erwägung, ob die Kategorie der Abschwächung der Rechte[2]), in welche die Haftung der Einrede am Recht gehört, nicht in anderer Weise die vermißte Denkform bietet. Wir legen dieser Frage eine erhöhte Wichtigkeit bei, nachdem wir von einem Juristen ersten Ranges an dieselbe wieder erinnert sind.

Die Möglichkeit, auf diesem Wege zu einer Konstruktion der Grundschuld des Eigenthümers zu gelangen, ist freilich nur getheilt und darum beschränkt insofern, als diejenige Grundschuld, welche der Eigenthümer auf seinen Namen eintragen läßt, in die Unterabtheilung der unvollständigen Entstehung des Rechts eingereiht werden müßte, als

---

[1]) Vgl. Unger, österr. Privatrecht, § 125.

[2]) vgl. Windscheid, Pand. 4. Aufl. § 65.

diejenige Grundschuld, welche der Eigenthümer aus fremder Hand erwirbt, in die andere Unterkategorie des unvollständigen Untergangs des Rechts gebracht werden müßte.

Bei derjenigen Grundschuld, welche der Eigenthümer für sich in das Grundbuch eintragen läßt, müßte die Passivität des Rechts als Folge unvollständiger Entstehung in der Art gedacht werden, daß diese Grundschuld eine Position zur Sache (zum eigenen Grundstück) fixire, welche das Recht nicht vollständig anerkennt, aber auch nicht vollständig ignorirt, sondern in einzelnen Beziehungen schützt. Damit wäre ein naturales dingliches Recht etablirt, welches wie die Naturobligation ein Recht für die natürliche Auffassung, nicht für die juristische Auffassung wäre. Diese Position ist an sich denkbar, aber weder nach positivem Recht noch nach den berechtigten Auffassungen und Ansprüchen des Verkehrs die des Eigenthümers, welcher für sich eine Grundschuld eintragen läßt. Was das Recht jenen natürlichen Ansprüchen sonst versagt, das giebt es hier alles, vor Allem die Befugniß zur Klage, sei es die Provokation auf Aufgebot, seien es die dinglichen Klagen auf Herausgabe des Briefs, die Klagen wegen Anerkennung, beziehungsweise Berichtigung der Priorität, die Klage für den Kaufgelderstreit auf Perzeption des entsprechenden Theils der in der Subhastation gezahlten Kaufgeldssumme — und letztere ebenso, wenn das Grundstück dem Eigenthümer, wie dann, wenn es einem Fremden zugeschlagen ist, nicht minder auch dann, wenn der Eigenthümer in der Subhastation des Antheils eines Miteigenthümers die vor dem Eintritt dieses Miteigenthümers in das Miteigenthum auf das ganze Grundstück eingetragene Grundschuld liquidirt. Daß der Eigenthümer gegen sich selbst weder Klage auf Zahlung oder Eigenthumsfreiheit erheben noch Subhastation beantragen kann, liegt nicht daran, daß das Recht ihm diese Ansprüche entzieht, während ihm die natürliche Auffassung dieselben zubilligt, sondern daran, daß auch der „unjuristische Verstand" solche Ansprüche nicht anerkennen kann.

Die fremde Grundschuld, welche der Eigenthümer erwirbt, müßte als abgeschwächtes Recht in Folge Unvollständigkeit des Untergangs gedacht werden. Die solchergestalt abgeschwächten Rechte, welche bisher beobachtet worden, haben aber das Gemeinsame, daß sie während dieser so genannten Passivität keine reale Macht erkennbar äußern. Die vom Eigenthümer erworbene Grundschuld ist aber auch hier in allen vorerwähnten Richtungen ein real mächtiges Recht. Soweit ein Recht hier existirt, wirkt es voll und ganz.

7. Das Miteigenthum.

Eine beiläufige Lösung des Problems ist neuerdings in einer Schrift[1]) versucht worden, welche für den Pfandrechtsbegriff ein neues Prinzip von „unumstößlicher Wahrheit“ in Bewegung zu setzen vermeint, indem sie die nicht leicht erweisliche Behauptung, daß eine jede Verpfändung eine bedingte Veräußerung der verpfändeten Sache[2]) enthalte, zum eigentlichen und einzigen Inhalt des Pfandrechts zu erheben versucht. Während die Bestimmung des Pfandrechts darin bestehe, eine reale Sicherheit für einen persönlichen Anspruch zu bieten, enthalte die Form der Verpfändung eine Veräußerung des verpfändeten Objekts unter der Suspensiv-Bedingung der Unpünktlichkeit der Zahlung zu einem unbestimmten Theil, dessen Größe sich aus dem Verhältniß der durch das Pfand gesicherten Forderung zu dem Erlös ergeben soll. Das Verhältniß des Pfandgläubigers sei danach das des Miteigenthümers, eine Folge dieses Miteigenthums die Befriedigung aus den Kaufgeldern. Werde von Anfang an nichts Anderes beabsichtigt, als eine, zugleich die Höhe des ideell veräußerten Antheils angebende, Summe zu bestimmen, die der Eigenthümer zur Lösung der pfandrechtlichen Schuldverbindlichkeit aufzuwenden hat, so werde aus diesem Pfandrecht die Grundschuld entwickelt. Die Eintragung der Grundschuld des Eigenthümers bedeute hiernach den Ausschluß eines nur in dem Maßstab einer Hypothek bestimmten Antheils des Grundstücks von weiteren Verpfändungen.

Das in der That „erstaunliche Resultat“ (Urtheil dieses Schriftstellers über seine Leistung), das für die Systematik des Pfandrechts aus diesem Prinzip aufgeht, ist unseres Erachtens die Stellung des Pfandvertrages in das System der aleatorischen Verträge. Soll sich die Größe des ideell veräußerten Antheils aus dem Verhältniß der Forderung, beziehungsweise des Summenbetrages zu dem Erlös des Grundstücks in einer möglichen Subhastation ergeben, so ist Existenz und Umfang des Objekts der Veräußerung von dem Eintritt eines ungewissen Ereignisses abhängig.

---

[1]) Richard Goldschmidt, Systematik des Pfandrechts und der Hypothek des Eigenthümers.

[2]) Anders Rudorff zu Puchta's Pand. § 193: — „jede Verpfändung enthält eine wahre Entäußerung, möge diese in der Uebertragung des verpfändeten Rechts selbst oder in der bloßen Bestellung (constitutio) eines Pfandrechts an demselben bestehen. Nur ist diese Veräußerung keine definitive, vielmehr kann der Schuldner einlösen, und gerade dieses konservative Moment ist es, was den bloßen Versatz, oder wie die Römer sagen, die obligatio von der endgültigen alienatio unterscheidet.“

Abgesehen davon: Ein solches Miteigenthum mit latenten und bei jeder Veränderung des Grundstückswerths fluktuirenden Antheilen, deren Existenz bei denjenigen Hypotheken, welche demnächst bei der Subhastation ausfallen, in fortwährender Schwebe liegt, deren Größe sich nicht aus der Position des Miteigenthümers zur Sache, sondern aus einem ungewissen, künftig möglichen Ereigniß ergiebt, wäre ein juristisches Novum, das sich zuvörderst selbst legitimiren müßte. Wird ferner dem Pfandgläubiger ein Antheil am Grundstück veräußert, so haftet dieser Antheil für alle übrigen dinglichen Rechte, welche außer Pfandrechten auf der Sache bereits liegen und in alle Zeiten noch auf dieselbe gelegt werden. Die Konsequenz wäre also die, die Etablirung aller dinglichen Rechte als bedingte Veräußerung von Eigenthumsantheilen zu fassen. Eine Rangordnung unter den Pfandrechten ergiebt sich aus dem bloßen Verhältniß der durch das Pfand gesicherten Forderungen zu dem Erlös durchaus nicht. Diese Bruchtheile, welche durch Rechenkünste auf einen Generalnenner mögen zurückgeführt werden können, stehen unter sich lediglich in dem Verhältniß von Kardinalzahlen. Tritt weiter die Bedingung der Veräußerung ein, dann müßte der Pfandgläubiger einen vertragsmäßigen Anspruch auf Auflassung seines Eigenthumsantheils haben. Eine Zahlungspflicht des Grundeigners ist übrigens weder hinsichts des Kapitals noch hinsichts der Zinsen erklärt, und der Begriff des Zinses neben der Summenschuld ganz unsubstantiirt.

Wir erwähnen dieses Impromptü mit einer gewissen Ausführlichkeit, weil dasselbe zwei Hypothesen reproduzirt, welche vor Jahren mit Achtung erzwingender Gelehrsamkeit zur Konstruktion der Reallasten aufgestellt worden sind und darum für unsere Analyse eine unmittelbare Bedeutung haben.

Mann[1]) ist es gewesen, den die Vergeblichkeit seiner Versuche, die Reallasten im System der Rechte zu klassifiziren, zu der Annahme gedrängt hat, es gebe kein Recht auf die Realleistungen. Wiewohl es kein Recht auf diese Leistungen giebt, wird dennoch geleistet. Wo liegt der Zwang zu den Leistungen? Antwort der Quellen: der Reallastberechtigte hat ein Recht am belasteten Grundstück, welches dann geltend gemacht wird, wenn die Lasten nicht abgetragen werden — die Reallasten sind Bedingungen.

Wir sagen nichts Neues, wenn wir meinen, daß diese Theorie sich an der Realität der Reallastklage zerstößt. Diese Klage erweist das

---

[1]) Untersuchungen über den Begriff der Reallasten. Neue Ausgabe, S. 20.

Recht auf die Leistung, und dieses Recht geht garnicht auf das Grundstück, sondern gegen dessen Eigenthümer. Es existirt also trotz alledem eine Leistungspflicht.

Der zweite Gedanke, den jenes Theorem aufnimmt, ist von dem ehrwürdigen Runde[1]) bei Gelegenheit einer, die ältere Literatur viel beschäftigenden Erörterung darüber, ob die Reallasten durch Vertrag begründet werden können, dahin ausgesprochen: daß derjenige, welcher eine Verpflichtung auf sein Grundstück als Reallast übernehme, einen intellektuellen Theil desselben veräußere und insofern den Berechtigten zum Miteigenthümer aufnehme. Diese Hypothese führt Runde natürlich zu dem Resultat, daß dieser Veräußerer auf seinen Nachfolger nicht mehr Rechte übertragen könne, als er selbst behalten habe. Staatsökonomen haben dann vielfach in der Konstituirung von Reallasten das Mittel gesehen, Grundeigenthum ohne wirkliche Zerstückelung zu theilen.

Dieser ökonomische Effekt darf aber über die juristische Struktur des Rechts nicht täuschen. Anders wie das Eigenthum dient die Reallast an und für sich einem außerhalb der Sachbeherrschung liegenden Zweck. Ein Miteigenthum zu ideellen Theilen setzt nothwendig Gleichartigkeit der Theile der einzelnen Interessenten und ihrer Positionen zur Sache voraus[2]). Es bleibt also bei „dem logischen Widerspruch, ein Recht, welches nicht Eigenthum, sondern nur ein Ausfluß von diesem ist, für Eigenthum zu erklären[3])."

8. Die Rechte an der eigenen Sache.

In diesem Zusammenhang dürfen wir die Epoche machenden Untersuchungen Gustav Hartmanns zur Lehre vom Eigenthumsrecht[4]) erwähnen, nicht, um eine Kritik zu üben, über welcher diese Forschungen stehen würden, sondern um zu prüfen, inwieweit unsere Aufgabe durch dieselben gefördert wird.

Wir möchten diesem Buch ein Wort Puchta's als Motto voranstellen. Während Puchta[5]) den Standpunkt als überwunden bezeichnet, von dem aus man geneigt gewesen, die Rechte in ihre Befugnisse zu zersplittern und darüber den Begriff der Rechte selbst hintanzusetzten,

---

[1]) Die Rechtslehre von der Leibzucht. Th. 2, § 36.

[2]) Duncker in der Zeitschrift für deutsches Recht, Band 11, S. 457.

[3]) Stobbe, Lehrbuch, Band 2, S. 62.

[4]) Rechte an eigener Sache. Freiburger Rektoratsprogramm v. J. 1877.

[5]) Institutionen, 6. Auflage, I, S. 12.

warnt Puchta vor dem anderen, neueren Extrem, die scheinbare Kompaktheit der Rechtsverhältnisse als Grundlage der Theorie vorzuziehen. Er selbst führt als Beispiel jener ersteren Verirrung Mühlenbruch's Definition vom Eigenthum an. Dennoch ist es gerade Puchta gewesen, der in der Lehre vom Eigenthum die Kompaktheit des Rechtsverhältnisses: die „Totalität" aller dinglichen Rechte als Inhalt des Eigenthums zur abstrakten Höhe einer civilistischen Nothwendigkeit erhoben hat, von der aus es allerdings als zwingende Konsequenz erscheint, jede Befugniß über eine Sache im Eigenthum zu sehen und die Beschränkungen des Eigenthums als Herausnahme von Befugnissen aus dem Eigenthum zu karakterisiren. Der Konsolidationsdrang zwischen Pfandrecht und Eigenthum wirkt hiernach, sobald beide Rechte in einer Person sich vereinigen, rein elementar; und die Frage, ob es dingliche Rechte giebt, welche dem Machtinhalt des Eigenthums so homogen aber anders geartet sind, daß sie in dem Eigenthum nicht aufgehen können, ist hiernach einfach garnicht aufzuwerfen.

Diesem anderen Extrem tritt Hartmann in dieser seiner anscheinend sichersten Position entgegen. Indem Hartmann das Problem stellt: ob und inwiefern überhaupt nach dem Begriff des Eigenthums an der eigenen Sache mehr Recht denkbar ist, als das Eigenthum geben kann, gelangt er vermöge einer synthetischen Behandlung der Konstituirung dinglicher Rechtsbeziehungen für den Eigenthümer ex jure Quiritium von demjenigen, welcher dieselbe Sache in bonis hat, der Konstituirung solcher Beziehungen für den Eigenthümer von demjenigen, welcher die Sache zu superfiziarischem oder emphyteutischem Recht inne hat, der Fortdauer der Servitut für den Miteigenthümer an einer gemeinschaftlich gewordenen Sache, der Pseydo — Servituten, welche auf eigenem Boden ein altius tollere, ein officere luminibus vicini, stillicidium vel flumen non recipere gestatten, zu dem Resultat, daß auch der römische Eigenthumsbegriff von den klassischen Juristen so aufgefaßt worden, daß eine Erweiterung des Machtinhalts an der eigenen Sache mittelst eines anderen hinzutretenden Rechts vollkommen denkbar erscheint. Auf diesem Wege führt eine Kritik der berühmten Paulinischen quaestio zu dem Ziel, daß das Mehr von Recht, welches hier über das bloße Eigenthum hinaus dem Eigenthümer zusteht, auch wirklich als Pfandrecht gedacht werden muß. Die weitreichendsten Perspektiven ergeben sich von diesem Standpunkt aus für das Recht des Besitzes, wo die Possessio, wie sie in den Interdikten ihre Sanktion und Erscheinungsform findet, als ein, freilich sehr relatives, unvollkommenes und mannigfach bedingtes

Sachenrecht erscheint, mithin ein Sachenrecht gefunden wird, welches als jus in re propria sogar normaler Weise vorkommt.

So reiche und weite Konsequenzen von diesem Standpunkt aus überhaupt und insbesondere für die neupreußische Duplizität des Eigenthums[1]), die Hypothek des Eigenthümers und das Servitutenrecht im Grundbuch sich ergeben — die Theorie der Grundschuld kann aus diesen Untersuchungen einen unmittelbaren Gewinn nicht ziehen. Bedeuten die Rechte an eigener Sache eine Erweiterung des Machtinhalts, dann kann der Eigenthümer handgreiflich diese weitere Macht nicht dadurch usurpiren, daß er einfach für sich die Eintragung einer Grundschuld bewilligt. Es ist eben ein anderes Recht, welches zum Eigenthum hinzutreten und dadurch den Machtinhalt des Eigenthums erweitern soll.

Die indirekte Bedeutung dieser Forschungen für unsere Abstraktion des Grundschuldbegriffs wird sich in anderem Zusammenhang ergeben.

9. Die Selbständigkeit der altpreußischen Hypothek als Typus der Grundschuld.

In einem eigenthümlichen Zwiespalt konstruirt Colberg die Grundschuld, doppelt zwiespältig, weil er die Grundschuld, welche der Eigenthümer für sich eintragen läßt, nur formell, nicht materiell als Grundschuld oder Grundrecht anerkennt, weil er sodann auch der Grundschuld in fremder Hand ein doppeltes Fundament unterlegt.

Einerseits behauptet er, daß diese Grundschuld nur eine neu geschaffene Abart der altpreußischen Hypothek sei[2]), daß in der „selbständigen Hypothek des allgemeinen Landrechts" bereits die heutige Grundschuld im Wesentlichen vorgebildet gewesen, andererseits postulirt er, daß der Grundschuld in allen Fällen ein abstraktes Summenversprechen[3]) zu Grunde liege, daß aber selbst in der nicht zur Sicherung dienenden Grundschuld stets dasselbe obligatorische Element enthalten ist, welches in der selbständigen Hypothek des allgemeinen Landrechts vorhanden sein soll, und daß jedesmal durch die Bewilligung einer Grundschuld und die Aushändigung des Briefs ein dem Wechselvertrage ähnlicher Formalvertrag zu Stande komme.

Die Selbständigkeit der Hypothek soll nach allgemeinem Landrecht,

---

[1]) Hartmann, S. 13. Dernburg und Hinrichs a. a. O. I, S. 232 flg.

[2]) a. a. O. S. 7, 55 Anm. 3.

[3]) S. 137, 138.

abgesehen von dem Fall der Verjährung der persönlichen Forderung, nur durch den Einfluß des öffentlichen Glaubens bei der Cession eintreten, indem der Cessionar einer Hypothek nach Landrecht den völligen Schutz des öffentlichen Glaubens dann für sich habe, wenn die Eintragungen im Hypothekenbuch, auf welche er seinen Erwerb gegründet, äußerlich formgerecht sind, wenn er gutgläubig, unter Aushändigung des Schuldinstruments und entgeltlich erworben hat, wenn endlich zur Zeit des Erwerbs keine entstehende Protestation eingetragen, und bereits eine Frist von 4 Wochen resp. 38 Tagen seit Eintragung der cedirten Hypothek abgelaufen war[1]).

Das obligatorische Moment dieser „selbständigen" landrechtlichen Hypothek soll darin liegen, daß der Gläubiger neben der, der Hypothek zu Grunde liegenden, persönlichen Forderung gegen den Konstituenten der Hypothek gegen den dritten Eigenthümer des verpfändeten Grundstücks als correus debendi einen obligatorischen Anspruch auf die Hypothekensumme hat, diese obligatorische Verpflichtung des zweiten correus auf das Grundstück radizirt ist und daher auf jeden späteren Eigenthümer desselben übergeht, wobei es für die Existenz dieser zweiten Obligation begrifflich nicht erheblich sein soll, daß für ihre Erfüllung nur das Grundstück haftet[2]).

Nun scheint uns ohne Weiteres klar zu sein, daß diese zweite Obligation, welche aus der Hypothekbestellung resultirt, ein sach- und formgerecht entstandenes accessorisches Pfandrecht zur Voraussetzung hat, daß diese Hypothek sich fortgesetzt, auch beim Wechsel des Eigenthums am Grundstück als Accessorium jener ersten Obligation qualifizirt, daß also die begriffliche Voraussetzung des Pfandrechts, die Existenz der zu sichernden Forderung, hier fortgesetzt ihre reale Macht äußert. Es wäre mithin immer erst der Beweis zu führen, wie bei der Konstituirung der Grundschuld von dieser prinzipiellen und perennirenden Voraussetzung einer Hypothek abgesehen werden kann. Der singulaire Fall, daß der Pfandgläubiger trotz Verjährung der Forderung fortgesetzt als Pfandgläubiger behandelt wird, kann offenbar für das besondere Institut der Grundschuld kein Prinzip in Bewegung setzen.

Es scheint, wie angedeutet, als ob Colberg seine eigene Analyse durch Injektion disparater Elemente verdirbt.

Liegt der Grundschuld in allen Fällen ein im Grundbuchverkehr

---

[1]) S. 30, 64.

[2]) S. 62, 60.

durch das Gesetz in seiner Rechtsgiltigkeit anerkanntes, abstraktes Versprechen der Zahlung der Grundschuldsumme unter, dann hat der Einsatz des Grundstücks nicht die Bedeutung einer unqualifizirbaren Pfandabart, sondern stellt das eigentliche Urbild eines wirklichen altpreußischen Unterpfandrechts dar. „Das dingliche Recht, welches Jemandem auf eine fremde Sache zur Sicherheit seiner Forderung eingeräumt worden, und vermöge dessen er seine Befriedigung selbst aus der Substanz dieser Sache verlangen kann,“ wird in der Legaldefinition ein **Unterpfandsrecht** genannt, und dieses dingliche Recht ist offenbar ganz dasselbe, ob die Forderung, deren Sicherung es dient, ihrerseits eine materielle causa specialis hat oder nur die causa generalis des abstrakten Zahlungswillens. Wie solch ein dingliches Recht, das eine abstrakte Obligation sichert, erst durch den öffentlichen Glauben des Grundbuchs, nach Art der Formalisirung der altpreußischen Hypothek durch die Cession, zur Existenz gelangen soll, ist einfach nicht abzusehen. Ueber die besondere Aehnlichkeit des Wechselvertrages ist vollends nicht zu streiten. Soll diese Aehnlichkeit nichts Weiteres bedeuten als die Abstraktion vom Causalbezug, dann können wir dieselbe Aehnlichkeit in dem modernen Schuldschein, dem Inhaberpapier, dem kaufmännischen Verpflichtungsschein, der in jure cessio, mancipatio (und etwa auch traditio) suchen, dann ist es aber verwirrend, nur von der besonderen Aehnlichkeit des Wechsels zu sprechen.

Wir gestatten uns Colberg gegenüber zu exemplifiziren.

Erster Fall: die Grundschuld dient nicht zur Sicherung einer Obligation. A läßt für B eine Grundschuld von Tausend eintragen, und B erlangt den Brief durch Kauf und Uebergabe von A, oder A und B geben und nehmen den Brief in Zahlungs-Statt für eine im Civilrecht begründete Miethszinsschuld des A an B.

Hier soll ein abstraktes Versprechen des A an B Tausend zu zahlen, der Grundschuld unterliegen.

Zweiter Fall: die Grundschuld dient zur Sicherung einer Obligation. A steht mit B in einem materiell begründeten Darlehnsvertragsverhältniß. A läßt für B zur Sicherung dieser Dahrlehnsobligation von Tausend in diesem, in höherem oder niederem Betrage eine Grundschuld eintragen. Die Bewilligung der Eintragung und die Aushändigung und Annahme des Briefs soll das abstrakte Versprechen des A und die Annahme des Versprechens durch B enthalten, daß A aus Anlaß jener Dahrlehnsgabe und zur Sicherung derselben, aber aus objektiv selbständigem, rein voluntarem Grund an B Tausend zahlen wolle.

In beiden Fällen soll die Grundschuld eine Abart der altpreußischen Hypothek darstellen, und zwar der durch den Einfluß des öffentlichen Glaubens des Hypothekenbuchs in dem Verhältniß des dritten Eigenthümers des verpfändeten Grundstücks zu dem Hypothekengläubiger affizirten Hypothek.

Kompliziren wir nun unsere beiden Fälle durch die Annahme eines Wechsels des Eigenthums an demjenigen Grundstück, auf welchem die Grundschuld eingetragen steht, dann kann der Konstituent der Grundschuld A sich sein abstraktes Zahlungsversprechen nicht mit dem Staub des Grundstücks abschütteln. Ebensowenig geht die abstrakte persönliche Zahlungsverbindlichkeit des A durch den Wechsel des Eigenthums am Unterpfand auf den Erwerber des Grundstücks C über. C steht vielmehr in derselben Rechtslage wie jeder andere dritte Eigenthümer des verpfändeten Grundstücks, das heißt nach Colberg in einem aus der Hypothekbestellung resultirenden Obligationsverhältniß zu B.

B hätte dann in unserem ersten Fall zwei Forderungen und ein Unterpfand:

a) die erfüllbare und klagbare, nur exekutionslose Formalobligation gegen A,
b) zur Sicherung dieser Formalobligation ein Unterpfand am Grundstück,
c) die Zustandsobligation aus der Hypothekbestellung gegen C.

B hätte dann in unserem zweiten Fall drei Forderungen und ein Pfandrecht:

a) die materielle Darlehnsobligation gegen A, für welche die Sicherungsgrundschuld bestellt ist,
b) die erfüllbare und klagbare, nur exekutionslose Formalobligation gegen A, welche durch die Bestellung der Sicherungsgrundschuld und die Annahme des Briefs begründet sein soll,
c) zur Sicherung dieser Sicherungsobligation[1]) ein Unterpfand am Grundstück,
d) die Zustandsobligation aus der Eintragung gegen C — —

ein komplizirtes Gespinnst, in welches sich der Gesetzgeber verstrickt hätte, welcher Klarheit und Simplizität der Grundbuchrechte suchte.

---

[1]) Vgl. Bähr, Anerkennung, S. 3.

10. Die Ausnahmestellung der Grundschuld des Eigenthümers.

Eine Selbstkritik sprechen sich alle diejenigen Theorien, welche der Grundschuld des Eigenthümers eine Ausnahmestellung vindiziren, für welche eine Konstruktion noch erst gefunden werden soll, oder gar statuiren, daß man hier den Bedürfnissen des Verkehrs auf Kosten der Theorie nachgegeben habe[1]). Gerade mit der Grundschuld des Eigenthümers muß die theoretische Konstruktion der Grundschuld anheben, weil hier nach allen Anzeichen der praktische Verkehr ansetzt, weil dieser Punkt es aber auch gewesen, der dem Gesetzgeber die entscheidende Konstellation der Verkehrsbedürfnisse gewiesen hat. Ist die Eigenthümer-Grundschuld ein vorbehaltener Vorzug[2]) an dem Erlös des Grundstücks den später eingetragenen Berechtigten gegenüber, der in der Hand des Eigenthümers bedeutungslos ruht, ist die Abtretung der Grundschuld in Wahrheit die Konstituirung des dinglichen Rechts[3]), die Cessionsform ein Schein, dann läuft das Recht des Eigenthümers, die Grundschuld beim Zwangsverkauf geltend zu machen, auch dann, wenn er den später eingetragenen Gläubigern zugleich persönlich haftet, in der That auf leeren Formalismus heraus. Ist alledem so, warum führt sich dieser Vorbehalt nicht offen und ehrlich als solcher ein, wie das mecklenburgische Recht eine derartige Offenhaltung von Folien zum Zweck künftiger Dispositionen auf bestimmte Summen für unbenannte Gläubiger bekanntlich gestattet hat. Warum man für einen solchen Vorzug des Apparats der Eintragung einer Hypothek bedurft, oder nicht einfach den Namen des Gläubigers im Buch und Schein ausgelassen hätte, ist in der That nicht abzusehen.

Das aktuelle Recht des Grundschuld-Eigenthümers erkennt das Gesetz mit unzweideutigen Worten an:

---

[1]) Jäckel bei Gruchot, 1874, S. 551 flg. Achilles, Kommentar zu § 27, Eig.-Ges.

[2]) Bähr, a. a. O. S. 94, Schollmeyer, S. 44 flg.

[3]) Vgl. W. Hartmann, Wechselrecht (1869) S. 280: „Das moderne Recht ist überhaupt auf Mobilisirung der Vermögenswerthe gerichtet, und man wird kein Bedenken tragen, daß ein Besitzer für sich selbst auf sein Grundstück eine Hypothek eintragen lassen kann, um sie demnächst zu versilbern und sich dadurch Fonds zu verschaffen. Die Hypothek in ihrer Vereinigung mit der Person des Besitzers hat allerdings keine (?) praktische Bedeutung, aber sie repräsentirt an sich einen Vermögenswerth, und gelangt durch ihre Trennung von der Person des Schuldners und bei der Realisation der Hypotheken aus dem Grundstück (!) zur rechtlichen und realen Existenz."

§ 18. Das Recht der Hypothek und der Grundschuld entsteht durch die Eintragung im Grundbuch.

§ 23. Die Eintragung muß auf den Namen eines bestimmten Gläubigers lauten.

§ 27. Der Eigenthümer kann auf seinen Namen Grundschulden eintragen und sich Grundschuldbriefe ausfertigen lassen. Er erlangt dadurch das Recht, über diese Grundschuld zu verfügen und auf dritte Personen die vollen Rechte eines Grundschuldgläubigers zu übertragen.

Bei der Vertheilung der Kaufgelder in Folge einer gerichtlichen Zwangsversteigerung kann er die Grundschuld für sich geltend machen — selbstverständlich, da das Gesetz nicht scheidet, auch dann, wenn ihm das Eigenthum am Grundstück belassen wird.

§ 28. Hat der Eigenthümer das Eigenthum des Grundstücks abgetreten, so erlangt er an der auf seinen Namen eingetragenen Grundschuld alle Rechte eines Grundschuldgläubigers.

Das Legalformular, S. 500 der Gesetzsammlung, ist noch deutlicher:

1000 M. Grundschuld — eingetragen für den Eigenthümer M. H.

Ueberträgt der Eigenthümer das für ihn eingetragene Recht, so muß dasselbe ein aktuelles Recht sein, wenn es auch in des Eigenthümers Hand noch nicht zu seinen vollen, noch nicht zu allen Lebensphänomenen gekommen war.

Ein bloßer Eigenthums-Dispositions-Vorbehalt könnte das Eigenthum selbst nicht überdauern, oder müßte mit dem Eigenthum auf den Erwerber übergehen, da das Eigenthum die Basis ist, welche die Existenz eines solchen formalen Rechts bedingt[1]).

So ketzerisch es klingt, allein der Nachweis der Identität des Rechtselements der Grundschuld des Eigenthümers und der Grundschuld in fremder Hand kann dem Gedanken des Gesetzes gerecht werden.

11. Theorie und Praxis.

Kein Wunder nach alledem, daß man schließlich einmal versucht hat, „das schlüpfrige Thema von der juristischen Natur der Grundschuld" als praktisch indifferent zu erklären.

Max Schulzenstein[2]) sucht auszuführen, daß Grundschuld und

---

[1]) Förster, Theorie und Praxis. 2. Aufl., III., S. 468.

[2]) Drei Fragen aus dem Preußischen Grundbuchrecht, S. 17 flg.

Hypothek nur theoretisch als Gegensätze erscheinen, praktisch nicht blos verwandte, sondern in allen wesentlichen Beziehungen gleichartig gestaltete Rechte sind, daß also die ursprüngliche Absicht bei Aufnahme der accessorischen Hypothek neben die der jetzigen Grundschuld entsprechende Hypothek des Entwurfs, zwei nach Begriff und Wesen völlig verschiedene Rechtsinstitute zu schaffen, nach der schließlichen Fassung der Gesetze nicht zum Ausdruck gelangt sei.

Wir gestehen, einen solchen Gegensatz von Theorie und Praxis überhaupt nicht anerkennen zu können. Klarheit und Festigkeit des sogenannten theoretischen Standpunkts ist, wenn irgendwo, so da von Nöthen, wo die so genannten praktischen Rechtsfolgen sich Mangels ausreichender Praxis noch nicht annähernd überschauen lassen.

Die Unmittelbarkeit der kündbaren Sachbelastung, die Konstituirung eines aktuellen und in seiner Rechtsmaterie von der Grundschuld in der Hand des Dritten unterschiedslosen Eigenthümergrundrechts, die Eigenthümlichkeit des obligatorischen Moments, das ein unzweifelhaftes Lebensphänomen der Grundschuld ist und dennoch keinen Platz innerhalb des Obligationen-Systems, auch nicht des Formal-Obligationen-Systems findet, vor Allem aber der spezifisch-grundrechtliche Inhalt dieses obligatorischen Moments sind juristisch und wirthschaftlich so eminent praktische Kriterien, daß an der vollen rechtlichen Individualität der Grundschuld nicht recht gezweifelt werden kann.

Diesem „Recht der Bücher" kann kein „Recht der Akten" gegenübergestellt werden[1]).

Aus seinem Aktenleben gestattet sich übrigens der Verfasser, welcher in einem gewerbfleißigen grundkonservativen Städtchen des Kösliner Departements seines Amts wartet, das Zeugniß herzusetzen, daß er bei dem autochthonen Tuchmacher wie bei dem hinterpommerschen Magnaten eine so überraschend klare Einsicht in die gesetzlichen Eigenthümlichkeiten der Grundschuld gefunden hat, daß ihm seine Praxis seine theoretische Ueberzeugung von der elementaren Einheit des Rechtsgedankens der Grundschuld nur bestärkt hat. Selbstverständlich hütete sich der Verfasser, sein Interesse für das Institut in seine Praxis hineinzutragen. Die Eigenthümergrundschuldbriefe wurden hier als Kautionspapiere für

---

[1]) Es verlohnt immer wieder, die schneidigen Ausführungen Puchta's (Inst. I, S. 375 flg.) über den Gegensatz einer falschen Praxis und unechten Theorie zu lesen. Höchst beherzigenswerthe Worte über den dem deutschen Leben eigenthümlichen Respekt vor der alleinseligmachenden Kraft der Praxis bei Lorenz von Stein a. a. O. S. 30, 31.

einen Schulze'schen Vorschußverein zuerst praktisch. Niemals trat bei dem Antragsteller ein Bedenken über das Recht der Eigenthümergrundschuld hervor. Andererseits erschien die hypothekarische Verbindung des Personalkredits mit dem Realkredit in dem Bewußtsein dieser Kreise nahezu antiquirt. Ob diese Wahrnehmungen ihren tieferen Grund darin haben, daß bereits die altpreußische Hypothek in dem Rechtsleben nach einer reinen Realkreditinstitution hin gravitirte, braucht der Verfasser nicht zu entscheiden.

Zweites Kapitel.

Dogmatik.

12. Grundriß.

Als objektive Einkommenskategorie gefaßt ist das spezifische Einkommen des Grundeigners, die Grundrente, nicht nur ein Begriff der Nationalökonomie, sondern gleichzeitig ein Rechtsbegriff. Der Bezug der Grundrente in diesem objektiven Sinn ist ein Recht des Grundeigners. So wenig dieses Recht in der römischen Jurisprudenz aus dem Eigenthumsbegriff und dessen „Substantialprinzip" hervortreten konnte, so klar erscheint dieses juridische Ertragsmoment in dem deutschen Recht vermöge des die Fruchtgewinnung beherrschenden „Arbeitsprinzips" als ein selbständiges und sogar pertinentielles Moment des Eigenthumsherrschaftsrechts.

Ist der Bezug der Grundrente ein Recht des Grundeigners, so hindert die juristische Logik nicht, dieses pertinentielle (nicht integrale) Moment des Eigenthums in einem beliebigen, von Hypotheken und Reallasten ungebundenen Theil der Grundrente in ihm selbst und in dem ihm entsprechenden Stammkapital äußerlich, grundbuchmäßig zu fixiren und damit für dasselbe eine besondere Existenz- und Rechtsverkehrsform zu fixiren.

Die Eintragung der Grundschuld des Eigenthümers als eines Kapitals und Zinsen entspricht dem Begriff der natürlichen Kapitalrente.

Grund und Boden ist Kapital. Ein Prinzip, welches ein Recht auf Einkünfte statuirt, giebt auch ein Recht auf den Stammwerth, aus welchem die Einkünfte sich bilden. Also löset die Grundschuld Kapital vom Kapital.

Die formal-juristische, streng-römische Denkform für das im

Grundstück, den auf demselben befindlichen, dem Eigenthümer gehörigen Gebäuden, den stehenden und hängenden Früchten und dem beweglichen Zubehör liegende Kapital ist die der ideellen Sache.

In der Grundschuld des Eigenthümers lebt der Grundgedanke der Reallast; denn die juridische Selbständigkeit des Eigenthumsertragsmoments ist auch die begriffliche Voraussetzung der in der Stiftung der Reallast liegenden Disposition des Eigenthümers über sein Eigenthumszinsrecht.

In fremder Hand funktionirt dieses Recht, welches ein Recht auf einen Theil einer fremden Grundrente geworden, selbständig, weil der Einkommensbezug aus dem Komplex der Eigenthumselemente auch thatsächlich getrennt ist. Es funktionirt in obligatorischen Ansprüchen, weil die effektive Theilung der Grundrente eine persönliche Thätigkeit erfordert.

Als einem Recht auf einen Theil eines fremden Grundstücks-Einkommens ist der Grundschuld der Grundgedanke der Reallast ebenfalls immanent.

Die Unlöslichkeit der Reallast ist kein begrifflich nothwendiges Kriterium derselben. Wo die Ausschließung der Kündbarkeit bestanden, war sie nicht eine Folge der Natur der Reallast, sondern eine Folge der Natur der der Stiftung der Reallast zu Grunde liegenden Rechtstitel.

Wie die Reallast ist die Grundschuld ein dingliches Recht.

Hier wie dort arbeitet das dingliche Recht mit dem äußeren Apparat einer Obligation — bei der Grundschuld nur vollständiger wie bei der Reallast, weil die der Grundschuld zu Grunde liegenden Rechtstitel eine beliebige Lösung regelmäßig verlangen, und also bei derselben das dem betreffenden Theil der Grundrente entsprechende Stammkapital im Verkehrsinteresse nothwendig gesetzt wird.

Actio und nomen leben an und in dem Anspruch auf Zinsen und Kapital, die obligatio, das vinculum juris, fehlt.

Den Beweis für die Negative: für die Möglichkeit der Existenz von obligatorischen Ansprüchen, welche keinen Obligationen entstehen, liefert bereits das römische Recht. „Leistungspflichten" des Grundeigners als solchen nennen sie ältere Pandektisten und stellen sie in einen Gegensatz zu Obligationen.

Zu einer Beschränkung der persönlichen Haft konnte das römische Recht nicht gelangen, weil das römische Prinzip der „Individualsouverainetät" eine Theilung des Vermögenskreises ausschloß.

Der Rentenkauf ist der Typus dieser Theilung der individuellen

Haft, das struktive Prinzip die deutschrechtliche Selbständigkeit des Grundstücks-Einkommens.

Die titellose Inskription der Grundschuld ist Formalakt und als solcher eine civilistische Potenz, weil dieser Akt das Grundschuldrecht dem formellen Urtelsrecht annähert.

Darum, aber auch nur darum, ist die im Grundschuldbrief mobilisirte Bucheintragung eine „Verkörperung" des Grundschuldrechts.

Eine Definition der Grundschuld kann demzufolge nicht verlangt werden, nur eine Definition des Grundschuldbriefs. Dieser läßt sich kurz als Grund- oder Bodenrentenkapitalsschein definiren.

Also vereinigt die Grundschuld die Souverainetät und Festigkeit des dinglichen Rechts mit den elastischen Formen des Obligationenrechts — ein Zeichen der Zeit, in welcher alles Vermögen nach obligatorischer Lösung und Gestaltung ringt.

Die Abtretung der Grundschuld ist Abtretung eines dinglichen Rechts und also Singularsuccession. Die beiden Figuren der Abtretung werden an dem Erkenntniß des zweiten Senats des Reichs-Oberhandelsgerichts in Sachen Hesse wider Schwerin vom 26. Februar 1876 und den preußisch-rechtlichen Begriffen des Eigenthums und des Besitzes eines dinglichen Rechts erörtert. Die Bezeichnung des in blanco abgetretenen Grundschuldbriefs als eines Inhaberpapiers wird nur mit mehrfachen Einschränkungen angenommen.

Kreditwirthschaftlich bedeutet die Grundschuld die Verselbständigung, Klärung und Potenzirung des Realkredits.

Erster Abschnitt.

Die Grundschuld des Eigenthümers.

13. Germanistische Konstruktion des Kapitals- und Zinsrechts des Eigenthümers aus dem Grundgedanken der Reallast.

Indem wir es unternehmen, die Grundschuld des Eigenthümers sowohl wie die Grundschuld in fremder Hand an dem Begriff der Grundrente zu entwickeln, müssen wir uns über den juristischen Gehalt dieses gemeinhin nur von Nationalökonomen untersuchten Begriffs verständigen.

Dieser Aufgabe würden wir überhoben sein, wenn die Behauptung von Dankwardt richtig wäre, daß die römische utilitas circa rem ipsam die Bodenrente bedeutet[1]). Dankwardt schwächt schon selbst diese Behauptung an einer andern Stelle durch die Bemerkung[2]) ab, daß die römischen Juristen sich über den Begriff dieser utilitas circa rem nicht vollständig klar gewesen, daß sie die Bedeutung dieser utilitas mehr gefühlt als eingesehen, und darum nur Beispiele, keine Begriffsbestimmung geben.

Das Befremdliche der Dankwardt'schen Behauptung springt sofort in die Augen, wenn man nachsieht, daß die beiden bekannten Fragmente (fr. 21 § 3 D de a. e. et v. 19, 1, fr. 19 D de per. et comm. rei vend. 18, 6), aus denen Dankwardt eine römische Anschauung des Werths der verlorenen Produktivdienste konstruirt, die utilitas circa rem ipsam allein für bewegliche Sachen behandeln und die ganze Distinktion lediglich für die Frage des Schadenersatzes aufstellen.

Der Ausdruck utilitas circa rem deutet handgreiflich nur die durch die Sache selbst dem Individuum gegebene, also individuelle[3]) Nützlichkeit an, kann mithin unmöglich zu einem abstrakten Begriff des Einkommens aufgebauscht werden. Vgl. fr. 81 D de V. S. 50, 16.

Ein solcher Begriff war aber auch römisch unmöglich, wie längst nachgewiesen.

In der römischen Wirthschaft konnte der Unterschied von Kapital und Arbeit, der Unterschied der als Quelle von Werthen gedachten Werthmasse und der Arbeit als produzirenden Kraft gar nicht gedacht werden, weil die Arbeit begrifflich nicht als schaffende Kraft erschien, sondern als fructus servorum und als fructus den Produkten gleichgestellt wurde. fr. 4 D de op. serv. 7, 7. fr. 3 eod. fr. 29 D de her. pet. 5, 3. fr. 39 § 1 D de leg. I.

Die Arbeit stand also mit der Grundrente in derselben wirthschaftlichen Kategorie. Konnte den Römern der Begriff von Kapital als einer durch Arbeit befruchteten Gütermasse nicht aufgehen, so fehlte ihnen auch der Begriff des Kapitalgewinns — die Wirthschaftsobjekte bildeten unterschiedslose Vermögenskomplexe[4]).

Man wird sich in den positiven Rechtssystemen überhaupt nach

---

[1]) Studien, S. 111.

[2]) S. 99.

[3]) v. Scheel, a. a. O. S. 334. Puchta, Pand. Vorl. II., S. 19.

[4]) Rodbertus in Hildebrandt's Zeitschrift für Nationalökonomie und Statistik. Band 4, S. 345. Grundrententheorie, S. 89, 99.

einem abstrakten Begriff des Einkommens vergeblich umsehen. Das Recht kennt nur objektive Einkommenskategorien[1]), wie reditus fundi, usurae, merces, salarium und kann nur solche kennen.

Von der Bodenrente als einem abstrakten Einkommensbegriff müssen wir für unsere Untersuchung also absehen. Es erhellt das auch sofort, sobald man den Begriff der Bodenrente im Sinne Ricardo's praktisch auszuschöpfen versucht. Erwägt man, daß man zu der reinen Grundrente nur dadurch gelangt, daß man vom Brutto-Grundstückseinkommen abzieht die eigene Arbeit des Grundeigners und die fremde Arbeit, den Kapitalgewinn der in Meliorationen, Inventar und Aussaat angelegten Kapitalien, den Unternehmergewinn und die bei der Grundstücksbewirthschaftung kaum zu bestimmende Verlustprämie, so ergiebt sich, daß der Begriff der reinen Grundrente so theoretisch ist, daß man sich nicht wundert, wie der große Streit darüber, ob die Grundrente als ein besonderes unentgeltliches Einkommen existirt oder nicht existirt, noch immer kein festes Klima der Meinungen erreicht hat. Wie schwierig es ist, die eigene Arbeit des Grundeigners zu schätzen, erhellt, wenn man (der herrschenden wirthschaftlichen Anschauung allerdings entgegen) auch eine Arbeit des Besitzes anerkennt, wie das unseres Erachtens allerdings, wenigstens vom Standpunkt des Smithianismus aus, in Anbetracht aller derjenigen Handlungen nothwendig ist, welche zur Konstatirung und Erhaltung, zum prozessualen und sonstigen Schutz des Besitzes selbst in unseren zeitweilig geordneten Verhältnissen erforderlich sind. Die Kapitalzusätze, die dauernden Verwendungen von Kapital in das Grundstück bleiben nicht dieselben, sie verzehren sich beständig, gehen allmählich unter, sodaß der in den Grundstücken enthaltene Kapitalaufwand ohne Aufhören wechselt. Man darf nur an physikalische Neumischungen der Ackerkrume erinnern. Es giebt kein Mittel, die Rente, welche die Kapitalzusätze abwerfen, zu fixiren[2]). Nicht minder problematisch ist die Bestimmung der Risikoprämie, welche nicht nur mit Krieg, Seuchen, Handelskrisen u. s. w. zu rechnen hat, sondern auch mit Rechtszufällen, wie dem neu erfundenen Zufallsspiel des Abs. 2 § 41 Eig.-Ges. Es ist so gut wie unausführbar[3]), die Bodenrente im strengen Sinn Ri-

---

[1]) Rösler, Lehre vom Einkommen, Hildebrandt's Zeitschrift, Band 10, Seite 33.

[2]) Trunck, Geschichte und Kritik der Lehre von der Grundrente. Hildebrandt's Jahrb. 6, S. 385 flg., 10, S. 395 flg., insbesondere, 6. S. 414, 10, S. 450.

[3]) Berens, Versuch einer kritischen Dogmengeschichte der Grundrente, S. 3, 211, 395 flg.

cardo's von den übrigen Bestandtheilen des gewöhnlich mit diesem Wort bezeichneten Einkommens abzusondern. Ricardo selbst gesteht das bekanntlich zu.

Indessen wird das Wort Grundrente auch im weiteren objektiven Sinn für dasjenige Einkommen gebraucht, welches der Eigenthümer als solcher vom Grund und Boden bezieht[1]). In diesem Sinn einer objektiven Einkommenskategorie, in dem es allein einen Rechtsbegriff bedeutet, soll dieses Wort in den folgenden Operationen gebraucht werden, wobei wir das Wort natürlich gerne preisgeben, wenn der Begriff bleibt.

In diesem Sinn der reditus fundi dürfen wir die Grundrente als ein Recht des Grundeigners bezeichnen, wiewohl man diesen Satz in seinen Pandekten-Heften nicht suchen kann.

Es ist die Anschauung des deutschen Rechts, deren Basis das Arbeitsprinzip, nach welcher den Anspruch auf die Frucht derjenige hat, welcher die Arbeiten zur Gewinnung der Frucht vorgenommen hat, nach welcher die Früchte eine sogenannte Accession der Arbeit sind. Man dachte sich im deutschen Recht den Anspruch auf die Frucht mit der aufgewendeten Arbeit so innig verbunden, daß, wenn die Frucht eines Jahres an einen Anderen als den Arbeiter abgegeben werden mußte, jener wenigstens zur Erstattung der Arbeit und Mühwaltung ohne Weiteres verpflichtet ist. Die erarbeitete Frucht ist verdientes Gut, die Frucht gehört dem Arbeiter schon vor der Separation seit dem Moment, wo die zur Erzeugung nothwendigen Arbeiten als abgeschlossen zu betrachten sind. Nach deutschem wie nach römischem Recht wird man Eigenthümer der Frucht als einer besonderen Sache im Moment der Trennung, dort, weil man sich die Frucht durch Arbeit subjektivirt hat, hier, weil man sich schon früher die Hauptsache subjektivirt hatte[2]).

Herrschaft und Fruchtnutzung, deren Grenze im römischen Recht nur für den Usufrukt bestand, koinzidiren also nach deutschem Recht überhaupt nicht. Das Eigenthümernutzungsrecht ist hier nach Grund und Struktur ein selbständiges Recht des Eigenthümers, so, daß der Schwerpunkt des deutschen Grundeigenthumsrechts wesentlich in das Dispositionsrecht über die Sache geschoben ist. In diesem ist ein direktes Recht an den Früchten nur insoweit als integrirendes Moment enthalten, als selbige nicht durch Arbeit produzirt sind. „Der eigentliche juridische

[1]) Dühring, Kursus, S. 156.

[2]) Leist, Natur des Eigenthums, S. 144 flg. Heimbach, Lehre von der Frucht, S 275 flg.

Karakter des Ertragsmoments des Eigenthumsrechts an Immobilien ist der des Zinsforderungsrechts für die Fruchtgewinnung, welches sich, wenn der Eigenthümer selbst der Fruchtgewinner ist, darin manifestirt, daß er die Fruchtgewinnung umsonst hat. Dies Zinsforderungsrecht ist als solches kein dem Dispositionsmoment des Eigenthumsrechts homogenes; beide verschmelzen sich nicht zu einer absolut einheitlichen Rechtssubstanz. Das juridische Ertragsmoment, und somit auch der diesem korrespondirende Kapitalwerth ist kein integrales, sondern nur ein pertinentielles Moment des germanischen Eigenthumsrechts an Immobilien[1])."

Daß dieses keine Antiquitäten sind, sondern Rechtsgedanken, welche heute noch in voller Praxis leben, beweist das Recht der Reallasten, deren juristische Individualität im Lauf der Jahrhunderte einen im Einzelnen schwankenden Entwicklungsprozeß bestanden hat, deren heutiger Rechtsgedanke nichts als ein Ausdruck dieser Auffassung ist.

Lediglich weil das Zinsrecht des Eigenthümers — „das zum Eigenthum gehörige Nutzungsrecht" sagt das preußische Landrecht in § 12 Tit. 8 Thl. I. — ein pertinentielles Moment des Eigenthums ist, lediglich darum kann der Eigenthümer über dasselbe disponiren, „ohne irgendwie die dingliche Rechtssubstanz des Grundstücks selbst zu affiziren" oder gar mit einem Bestandtheil seines Eigenthumsherrschaftsrechts zu marchandiren. Kein Wunder, daß diese Anschauung anklingt, wo man sie am wenigsten zu finden sucht, so in § 221 Tit. 9 Thl. I. A. L.-R., einem Prinzip, das sich in der Kasuistik des Landrechts allerdings so ziemlich verflüchtigt hat, so in der Begründung des Erkenntnisses des dritten Senats des Königlichen Ober-Tribunals vom 19. Januar 1859[2]). So plaidirt Ober-Tribunalsrath Paris[3]) für die Anwendbarkeit des Anfechtungsgesetzes auf Pachtverträge, weil der Verpächter im Pachtvertrage „einen Bestandtheil seines Eigenthums veräußere, nämlich das dingliche Recht, die Nutzungen des Grundstücks zu ziehen."

Ist aber die Grundrente ein Recht des Eigenthümers, so hindert nichts, einen beliebigen Theil derselben grundbuchmäßig mit der Rechtswirkung zu fixiren, daß die grundbuchmäßige Form zur ausschließlichen Verkehrsmaschinerie dieses materiellen und selbständigen Rechts erhoben wird.

---

[1]) Friedlieb, Rechtstheorie der Reallasten, S. 192. — Vgl. Dühring, Kursus, S. 158: „nicht der Grundherr als solcher in seiner Eigenschaft als direkter oder indirekter Herr einer gewissen Menge von Arbeitskraft gelangt zu einer Bodenrente."

[2]) Entsch. 40, S. 149.

[3]) Kollision der Hypothek mit dem Eigenthum. S. 42, 43.

Reallasten und Hypotheken binden die Grundrente[1]). Dadurch ist die Rangordnung der Grundschuld erklärt. Läßt der Eigenthümer die Grundschuld — das Gesetz gebraucht die Bezeichnung allgemein, die dem Recht eigentlich nur dann zukommt, wenn es zu allen seinen Lebensphänomenen gekommen, und deutet auch damit die Identität der Rechtsmaterie in allen ihren Erscheinungen an — läßt also der Eigenthümer auf seinen Namen, für sich — wie das Legalformular sagt — eine Grundschuld eintragen, so fixirt er einen Theil seiner von Reallasten und Hypotheken ungebundenen Grundrente[2]) sowohl in dem unmittelbaren Jahresbetrage, als in dem Kapitalbetrage, der diesem Ertrage entspricht und die betreffende Sphäre des nutzungsfreien Eigenthumsgehalts repräsentirt.

Es entspricht diese Fixirung des Kapitals nicht nur dem Verkehrsinteresse, sondern dem Begriff der Grundrente. Ein jedes Prinzip, welches ein Recht auf Einkünfte giebt, bringt auch einen Anspruch mit sich auf den Stammwerth, aus dem die Einkünfte sich bilden[3]). Einkünfte sind ohne Stammkapital nicht zu denken. Das Verhälniß zwischen dem bezüglichen Theil des Jahresbetrages und dem korrespondirenden Stammkapital der Grundrente wird darum auch mit Fug unter dem Ausdruck des Zinses eingetragen, nur daß man mit diesem Wort nicht den Gedanken einer Vermiethung des Kapitals und eines Miethszinses vermengen oder die Grundrente für Zinsen eines aufgewendeten Kapitals (wohl gar des Kaufkapitals) halten soll[4]). Man darf den Begriff der natürlichen Kapitalrente im Gegensatz der ausbedungenen als bekannt voraussetzen — profit of stock — interest of money.

Die Eintragung von Tausend und 5 pCt. Zinsen, Grundschuld des Eigenthümers, ist also die Fixirung seiner Grundrente in einem Kapitalbetrag von Tausend und dem diesem Stammwerth korrespondirenden Jahresertrage, dem sogenannten natürlichen Zins seines Kapitals.

Die Grundschuld des Eigenthümers ist also in der That nichts als eine Manifestation des Eigenthumsrechts unter Kreirung eines spezifischen juristischen Apparats für das Recht der Grundrente, kein besonderes Recht an der eigenen Sache, das außerhalb des Eigenthumsrechts steht, sondern der ökonomische Inhalt des Eigenthums in einem selbständigen

[1]) Rodbertus, Grundrententheorie, S. 120, Dühring, Kursus, S. 215, 216.

[2] Die fixirbaren Produktionskosten gehen ab. § 50 K.-O. vom 8. Mai 1855. In der Grundsteuer wird ein Theil der Rente gezahlt. Roscher, § 149.

[3]) Dühring, a. a. O. S. 340.

[4]) Rodbertus, Grundrententheorie, S. 121.

rechtlichen Ausdruck, ein geschlossener Bestandtheil des Eigenthumsrechts. Um dieser Verkehrsmaschinerie willen entsteht auch die Grundschuld des Eigenthümers erst mit der Eintragung. § 18 Eig.=Ges.

Man kann sich diesen Rechtsvorgang juristisch unter dem Gesichtspunkt der Surrogation[1]) vorstellen, sofern man festhält, daß der Nennwerth des Kapitals nur als Gegenstand einer einstigen Lösung des Kapitals Bedeutung hat. Die Surrogirungs=Disposition des Eigenthümers wird durch die Eintragung gebunden, sie bleibt darum für ihn und seine Nachfolger im Eigen maßgebend. Der einseitige Surrogirungswille des Eigenthümers reicht darum auch aus, wenn er demnächst das Grundstück aufläßt.

Wir dürfen die Eintragung der Grundschuld als Vorbereitung der Lösung des Kapitals vom Kapital bezeichnen; denn aller Grund und Boden ist vom ersten Arbeits= und Kapitalaufwand an fixes Kapital — ein Stamm ökonomischer Machtmittel, ein Komplex von Werthen als Quelle von Werthen gedacht. Nicht die Unbeweglichkeit des Bodens, nicht die Verschiedenheit der Entstehung dieses Kapitals von der anderer, nicht der theilweise Mangel des Merkmals eines Ersparnisses früherer Erzeugnisse steht der Gleichstellung von Boden und Kapital entgegen. Das wesentliche Karakteristikum des Kapitalsbegriffs ist die Fähigkeit, ein Einkommen und überhaupt eine ökonomische Macht zu gewähren. In dem Maße, als die Naturfaktoren dieser Fähigkeit theilhaftig werden können, sind sie latente Kapitale, in dem Maße, als sie dieser Fähigkeit theilhaftig, sind sie wahre Kapitale. Die Einkünfte, welche der Grundeigner bezieht, die Bodenrente in diesem Sinn, steht jedem andern Kapitalzins gleich. Ist alledem so, dann ist die Mobilisirung der im Grund und Boden radizirten Sachwerthe auch nichts Künstliches mehr[2]).

Das Legalformular Anlage G. des Gesetzes; 1000 Mark Grundschuld, vom Tage der Abtretung mit 5 pCt. verzinslich — eingetragen für den Eigenthümer — — ist hiernach ein schwacher Abfall

[1]) Wächter, Erörterungen, I., S. 10.

[2]) Von diesem seit F. B. W. Hermann, Schäffle, Dühring als gesichert zu bezeichnenden Standpunkt aus finden wir die Widerlegung der Grundkredittheorie von Rodbertus, nach welcher alle den Grundbesitz betreffenden Rechtsgeschäfte nach dem Ertragswerth geordnet, und nur die ewige (!) Rente verkauft und belastet werden soll. Schon der im kultivirten Boden angesammelte Arbeitslohn ist Kapital. Willmann's Hyp.= und Subh.=Reform, S. 13, 14. Außerdem ist die Unkündbarkeit ein Widerspruch gegen den Bodenexport. Um dieses willen ist die Ewigkeit der Rente höchst problematisch.

von dem Gedanken des Gesetzes und in dem markirten Theil positiv falsch. Die Verzinslichkeit, an die das Formular denkt, beginnt auch mit dem Wechsel des Eigenthums am Grundstück, und es ist dem Eigenthümer nicht zu verschränken, vor der Abtretung der Grundschuld Zinsquittungsscheine zu emittiren. Konsequent kann unseres Erachtens die Eintragung nur so lauten: x nebst y Zinsen seit dem Tage der Eintragung.

Die einfache juristische Kategorie, unter der wir uns das Stammkapital zu denken haben, ist die der ideellen Sache, das einfachste Beispiel, wie der Rechtswille natürlichen Sachen ideelle unterlegt, ist die universitas. Er macht aus beliebigen Viehstücken die Heerde und vindizirt: gregem meam esse. So wie der Eigenthümer des Viehs Eigenthümer dieser Moventien und Eigenthümer der Heerde ist, so ist der Grundeigner Eigenthümer des Fundus, der Gebäude, Früchte, des Zubehörs (§ 30 Eig. Ges.) und Eigenthümer des Kapitals, der ideellen Sache, zu der er den Fundus durch seine Verbindung mit dem Gutsinventar, dem Geld- und Arbeitskapital erhoben hat. Für die Aeußerlichkeit deckt sich die Heerde mit den Viehstücken, aus denen sie besteht, für die Aeußerlichkeit deckt sich auch das Kapital mit dem Fundus und dem Zubehör. Das transcendens ist in beiden Fällen der wirthschaftliche Bestimmungsgrund. Dort ist die ideelle Sache der Vindikation zu Liebe geschaffen, hier der libertas rei zu Liebe. Hier wie dort existirt die ideelle Sache für das Recht nur in einzelnen faktischen Beziehungen.

Wie das ganze Vermögen des Menschen selbst eine unkörperliche Sache ist und auf faktischer Zusammenfassung beruht, so ist hier, wie vielfach im deutschen Recht, das Bodenvermögen zu einer faktischen und rechtlichen Einheit erhoben.

Es ist dem positiven Recht unbenommen — sagt Windscheid[1]) — blos gedachte Dinge als Gegenstände von Rechtsverhältnissen, durchweg oder in einzelnen Beziehungen, zu behandeln wie körperliche. Das Gedachte könne für das Recht Sache sein, wie für das Recht Person sein kann, was in Wirklchkeit nicht Person ist. Man müsse sich nur vor dem Irrthum hüten, als ob das Gedachte, wenn es vom Recht als Sache, das heißt als Gegenstand von Rechtsverhältnissen, behandelt wird, nun auch sofort in allen Stücken unter die gleichen Grundsätze gestellt würde wie die körperliche Sache.

---

[1]) Pand. § 137, 42.

14. Prüfung dieser Konstruktion an den römischen Kategorieen.

Wir könnten es bei diesen Betrachtungen bewenden lassen. An einer fortschreitenden Entwicklung des Rechts darf verständiger Weise niemand zweifeln. Solche Zweifel haben insbesondere in unserer historischen Rechtsschule niemals bestanden. Nichts als politische Leidenschaft konnte dieser Richtung der Jurisprudenz dereinst stagnirende oder reaktionaire Rechtsauffassungen imputiren. Gerade diejenige tiefere Auffassung, welche das praktische Recht als ein gewordenes betrachtet, erkennt in dieser ihrer eigentlichen Position das historische Prozedere, das Werden des Rechts an. Andererseits ist der historische Boden, auf dem die Grundschuld erwachsen ist, das preußische Rechtsleben. Mit den deutlichsten äußeren und inneren Zeichen weist diese Entwicklung auf die nationale Atmosphäre, in der sie gereift ist. Es erscheint hiernach schon als ein methodischer Fehler, die Konstruktion der Grundschuld im römischen Recht auch nur zu suchen.

Dennoch können und wollen wir der Frage nicht ausweichen, ob und inwieweit unsere Konstruktion des Eigenthumszinsrechts den Kategorieen des römischen Rechts, „dessen wir nicht entrathen können und dessen wir nicht entrathen wollen[1])," widerstrebt, inwieweit diese Konstruktion mit dem römischen Eigenthumsbegriff vereinbar ist.

Diesen Begriff hat Puchta, wie erwähnt, mit der ihm eigenen mathematischen Schärfe der Gesichtspunkte, als die Totalität aller dinglichen Rechte formulirt. Die schärfste Konsequenz, welche aus dieser Abstraktion gegen unsere Konstruktion der Eigenthümergrundschuld geführt werden kann, hat Pagenstecher[2]), wie wir hervorheben, ohne allgemeine Zustimmung, dahin gezogen, daß es ein Widerspruch gegen die Unselbständigkeit der aus dem Eigenthum fließenden, durch keine Aufzählung zu erschöpfenden, Befugnisse sei, wenn man diese Befugnisse Rechte des Eigenthümers nenne. Hiernach wäre der ökonomische Inhalt des Eigenthums ein unfaßbares, diffluirendes Element des Ganzen.

Allerdings bezeichnen die Römer den ökonomischen Inhalt des Eigenthums gemeinhin nicht mit jus utendi fruendi, sondern mit licentia utendi fruendi und sprechen dem Eigenthümer wenigstens ein jus separatum utendi fruendi an mehreren Stellen ausdrücklich ab.

---

[1]) vgl. Windscheid in der Vorrede zur actio.

[2]) Römische Lehre vom Eigenthum, I, S. 4, 5.

Ulpian in fr. 5 pr. D. si ususfr. pet. 7, 6:

Uti frui jus sibi esse, solus potest intendere, qui habet usumfructum, dominus autem fundi non potest, quia, qui habet proprietatem, utendi fruendi jus separatum non habet — nec enim potest ei suus fundus servire: de suo enim, non de alieno jure, quemque agere oportet.

Paulus in fr. 25 pr. D de V. S. 50, 16:

Recte dicimus, eum fundum totum nostrum esse, etiam quum ususfructus alienus est, quia ususfructus non dominii pars sed servitus (v. l. servitutis) sit: ut via et iter, nec falso dici, totum meum esse, cujus non potest ulla pars dici alterius esse; hoc et Julianus, et est verius.

Ulpian in fr. 10 D. Comm. praed. 8, 4:

Quidquid venditor servitutis nomine sibi recipere vult, nominatim recipi oportet. Nam illa generalis receptio, quibus est servitus utique est, ad extraneos pertinet, ipsi nihil prospicit venditori ad jura ejus conservanda, nulla enim habuit, quia nemo ipse sibi servitutem debet, quinimo, et si debita fuit servitus, deinde dominium rei servientis pertinet ad me, consequenter dicitur extingui servitutem.

Dennoch halten wir diese Stellen keineswegs für entscheidend. In jener ersten Stelle liegt der Ton ausschließlich auf den separata jura, und in der letzten Stelle sind jura in re aliena gemeint. Indem Paulus aber bestreitet, daß der ususfructus eine pars dominii sei, bestreitet er ihm die Qualität als Stücks einer einfachen oder einer zusammengesetzten Sache, welches Stück mit den anderen Stücken der Sache kein einheitliches Ganzes bildet, bestreitet er dem Ususfrukt auch die Eigenschaft eines Antheils — bestreitet ihm aber nicht die Eigenschaft eines Bestandtheils des Eigenthumsrechts als einer Befugniß, welche mit anderen Befugnissen ein einheitliches allgemeines Recht bildet. Daß der Bestandtheil eines einheitlichen Ganzen pars sei, leugnen in diesem Sinn auch fr. 36 D de evict. 21, 2, fr. 13 § 2 D de accept. 46, 4.

Unsere Frage kann, da der römischen Jurisprudenz der Begriff des Kapitals und der natürlichen Zinsrente abging, nur die sein:

> ob sich der Quellenbeweis führen läßt, daß die Römer einzelne im Eigenthumsrecht begriffene Befugnisse und insbesondere den Ususfrukt des Eigenthümers (das ist der römische Ausdruck für den ökonomischen Inhalt des Eigenthums) in einzelnen faktischen Richtungen als einen geschlossenen Bestandtheil des Eigen-

thumsrechts gefaßt und dadurch in einzelnen faktischen Richtungen zu einer selbständigen rechtlichen Existenz gebracht haben.

Wird nur ein einziger solcher Fall erwiesen, dann ist die Allmacht des traditionellen Begriffs der Totalität des Eigenthumsrechts und der elementaren Diffluenz seiner Bestandtheile durchbrochen, dann ist es eine rein historische Frage, warum die Römer nicht dazu gelangt sind, den ökonomischen Inhalt des Grundeigenthums nach Art der Grundschuld zu fixiren, eine Frage, mit deren Beantwortung wir niemand aufhalten werden.

Unseres Erachtens gehören folgende Rechtserscheinungen hierher, über deren eigentlichen civilistischen Gehalt die Akten freilich noch immer nicht geschlossen sind.

a) Die deductio ususfructus des alten Rechts.

Gajus, II, § 33:

Quod autem diximus, usumfructum in jure cessionem tantum recipere, non est temere dictum, quamvis etiam per mancipationem constitui possit eo, quod in mancipanda proprietate detrahi potest: non enim ipse ususfructus mancipatur, sed cum in mancipanda proprietate deducatur, eo fit, ut apud alium ususfructus, apud alium proprietas sit.

Vgl. Fragm. Vatic. § 50, 51, 80.

Die deductio, welche Celsus in der letzterwähnten Stelle sogar divisio nennt, ist ein eigentlicher Vorbehalt, kein Begründungsakt, weil er nur so der civilrechtlichen Erwerbsform hinsichts der praedia in Italico solo entrathen konnte. Ein Vorbehalt muß ein geschlossenes oder vom Moment des Vorbehalts ab als geschlossen gedachtes Objekt haben. Es ist gewiß kein „Element des Eigenthums, das der Uebertragende zurückbehält[1]," wenigstens kein ungreifbares, diffluirendes Element, sondern ein höchst realer Bestandtheil des Eigenthumsrechts.

Unseres Erachtens ist es nur bezeichnend für die Richtigkeit unseres Beispiels, wenn Dernburg[2]), der die Reservation eines jeden dinglichen Rechts als eine Neukonstituirung einer Befugniß betrachtet, welche mit dem Moment beginnt, in welchem das Eigenthumsrecht des Reservirenden erlischt, sich genöthigt sieht, die deductio ususfructus und den Mangel eines Konstituirungsakts durch die vorwissenschaftliche Anlehnung der alten Jurisprudenz an die vulgäre Auffassungsweise und die Ein-

---

[1]) Puchta, Institutionen, II, S. 679.

[2]) Pfandrecht, I, S. 271 flg.

wirkung von Utilitätsgründen zu erklären. Gajus giebt den ausdrücklichen juristischen Grund: non enim ipse ususfructus mancipatur. Mit demselben subjektiven Belieben könnte man die starre Totalität des Eigenthumsbegriffs, selbst wenn sie der späteren Jurisprudenz vorgeschwebt hätte, als scholastisch bezeichnen.

b) Die Doktrin, welche den Vorbehalt der Servituten trotz der Ausdrücke der Quellen, welche von einem deducere, detrahere, excipere, recipere der Dienstbarkeit sprechen, als eine Neukonstituirung faßt, scheitert an dem Fragment des Labeo, 19 D de serv. 8, 1:

Ei fundo, quem quis vendat, servitutem imponi, etsi non utilis sit, posse existimo, veluti si aquam alicui ducere non expediret, nihilominus constitui ea servitus possit. Quaedam enim habere[1]) possumus, quamvis ea nobis utilia non sunt.

Man kann Mancherlei haben, sagt Labeo, und folglich auch behalten, nämlich mancherlei Befugnisse im Eigenthum, wiewohl dieselben keine selbständige, vernünftige, wirthschaftliche Zweckbestimmung haben und darum nicht selbständig konstituirt werden können.

Für diejenigen, welche zur Erwerbung von affirmativen Servituten eine Apprehensionshandlung für erforderlich halten, scheint es endlich bei der deductio ususfructus außer Zweifel zu sein, daß eine besondere Erwerbshandlung nicht von Nöthen.

Außerdem ist zu bemerken, daß die Annahme eines stillschweigenden Vorbehalts bei der Eigenthumsübertragung eines Grundstücks mit einer servitutischen Vorrichtung natürlich erscheint, daß die Annahme einer solchen stillschweigenden Neukonstituirung schwerer zu denken ist. Bei jener Auffassung handelt es sich um die Auslegung erklärten Parteiwillens, hier soll die besondere Willenseinigung und mit derselben ein besonderes Rechtsgeschäft supponirt werden. Papinian in fr. 36. D de S. P. U. 8, 2:

Binas quis aedes habebat una contignatione tectas, utrasque diversis legavit. Dixi, quia magis placet tignum posse duorum esse, ita ut certae partes cujusque sint contignationis, ex regione cujusque domini fore tigna, nec ullam invicem habituros actionem, jus non esse immissum habere. Nec interest, pure utrisque, an sub conditione alteri aedes legatae sint.

---

[1]) Andere Lesarten: debere habere, dedere habere, debere ducere, deberi habere. Vgl. Thibaut, Civilistische Abhandl., S. 37 flg. Mühlenbruch ist ebenfalls unter denen zu nennen, welche den Vorbehalt des Servitutenrechts von der eigentlichen Begründung desselben unterscheiden. Pand. § 288.

Julianus in fr. 37 eod.

Idemque esse, et si duobus aedes cesserint.

c) Es soll bei den Römern die Verpfändung des Nießbrauchs durch den Volleigenthümer ein sehr gewöhnliches Geschäft gewesen sein.

Marcian in fr. 11, § 2 D de pign. et hyp. 20, 1:

Ususfructus an possit pignori hypothecaeve dari, quaesitum est, sive dominus proprietatis convenerit, sive ille, qui solum usumfructum habet? Et scribit Papinianus lib. XI Responsorum, tuendum creditorem, et si velit cum creditore proprietarius agere, non esse ei jus uti frui invito se, tali exceptione eum Praetor tuebitur, si non inter creditorem et eum, ad quem usufructus pertinet, convenerit, ut usufructus pignori sit. Nam et cum emptorem usufructus tuetur Praetor, cur non et creditorem tuebitur? Eadem ratione et debitori objicietur exceptio.

Gajus in fr. 15 pr. eod.

Et quae nondum sunt, futura tamen sunt, hypothecae dari possunt, ut fructus pendentes, partus ancillae, foetus pecorum, et ea, quae nascuntur, sint hypothecae obligata. Idque servandum est, sive dominus convenerit aut de usufructu, aut de his, quae nascuntur, sive is, qui usumfructum habet.

Gajus stellt also die Verpfändung des Usufrukts Seitens des Volleigenthümers auf gleiche Stufe mit der Verpfändung einer Frucht nnd bezeichnet Usufrukt und Frucht als res futurae. Die herrschende Auffassung[1]) sträubt sich allerdings dagegen, in diesem Fall das Nießbrauchsrecht als solches für das Objekt des Pfandrechts zu halten, indem sie dem Nießbrauch vor der Pfandrechtsausübung einfach die Existenz bestreitet. Aber gerade die Zusammenstellung des Usufrukts mit der Frucht läßt erkennen, daß, wie die Frucht auch vor ihrer Trennung, wenngleich als Theil der Muttersache, immerhin existirt, daß ebenso der Usufrukt des Eigenthümers, wenngleich nicht als separates Recht, immerhin als geschlossenes Recht im Eigenthumsrecht lebt. Mit keiner Silbe deutet Marcian an, daß das Pfandobjekt ein anderes sei, ob der Eigenthümer den zu separirenden Usufrukt oder Usufruktuar den separirten Nießbrauch verpfändet. Ausdrücklich wird Kaufserwerb und Pfanderwerb des Usufrukt gleichgestellt.

d) Verpfändet der Eigenthümer eine Realservitut einem nicht be-

---

[1]) Windscheid, Pand. § 227, Exner Kritik, S. 64 flg.

nachbarten Eigenthümer oder einem Nachbar ohne die pactio[1]): quamdiu pecunia soluta non sit, eis servitutibus creditor utatur (fr. 12 D de pign. et hyp. 20, 1), so erlangt der Eigenthümer nicht das Recht, die Servitut für sich auszuüben, so bleibt das Recht des Eigenthümers, wie jedes andere Pfandobjekt, ein Bestandtheil im Vermögen des Verpfänders, wird aber als Objekt des Pfandrechts geschlossen. Auch hier gewinnt der Eigenthumsbestandtheil in besonderer faktischer Beziehung eine selbständige Existenz, genau wie der fremde Bestandtheil eines Sachganzen, das im ruhenden Eigenthum des fremden Eigenthümers bleibt.

e) In dieser Weise müssen auch diejenigen servitutenmäßigen Berechtigungen aufgefaßt werden[2]), welche auf dem eigenen Fundus ein altius tollere, officere luminibus, prospectui, stillicidium vel flumen non recipere gestatten, mögen dieselben von lokalgesetzlichen Eigenthumsbeschränkungen privilegiren oder entgegenstehende Servituten ganz oder theilweise paralysiren.

Hier erhellt die hohe indirekte Bedeutung der in dem achten Paragraphen dieser Schrift erwähnten Hartmann'schen Forschungen für unsere Untersuchung.

Ist der römische Eigenthumsbegriff von den klassischen Juristen so aufgefaßt worden, daß eine Erweiterung des Machtinhalts an der eigenen Sache mittelst eines anderen hinzutretenden Rechts vollkommen denkbar erscheint, dann ist die Vorstellung der Totalität aller dinglichen Rechte im Eigenthum durchbrochen und weicht der Allgemeinheit der dinglichen Rechte. Die Allgemeinheit schließt nicht die Besonderheit eines dinglichen Rechts besonderer disparater Natur aus. Die allgemeine und oberste Einheit der dinglichen Rechte kann sehr wohl besondere Rechte anerkennen, welche in ihr nicht aufgehen. Sie kann sogar besondere Rechte einheitlichen Charakters (Emphyteuse, Superfizies) neben sich dulden. Der Begriff der Allgemeinheit der dinglichen Rechte an der Sache erträgt aber auch die Sonderung und faktische Geschlossenheit einzelner Rechtsbestandtheile.

15. Praktische Folgerungen.

Mit dieser Auffassung fühlen wir uns im Gegensatz zu der gemeinen Meinung, daß, solange als der Grundschuldbrief des Eigenthü-

---

1) Exner, a. a. O. S. 27. Gesterding, Ausbeute von Nachforschungen IV, Abth. 2, S. 3 flg.

2) Hartmann, Rechte an der eigenen Sache, S. 32 flg.

mers nicht begeben wird, in Wahrheit die Grundschuld nicht besteht, daß das Recht der Grundschuld erst entsteht, sobald das Eigenthum daran mit dem Eigenthum an dem Grundstück nicht mehr in einer Person vereinigt ist.

Diese gemeine Meinung ist nun einmal mit dem Gesetz unvereinbar. Das Recht der Grundschuld entsteht nach dem Wort des Gesetzes durch die Eintragung im Grundbuch ohne jede Andeutung einer Ausnahme für die Grundschuld des Eigenthümers. Durch Eintragung der Grundschuld und Ausfertigung des Briefs erlangt der Eigenthümer nach dem Wort des Gesetzes das Recht, über die Grundschuld zu verfügen und auf Dritte die vollen Rechte eines Grundschuldgläubigers zu übertragen. Ein solches Verfügungs- und Uebertragungsrecht, das nach dem allgemeinen Ausdruck des Gesetzes die Verpfändung, das Legat der Grundschuld, die Prioritätseinräumung selbstredend in sich begreift, setzt die Existenz des Rechts, das der Gegenstand der Verfügung und Uebertragung ist, unzweifelhaft voraus.

Von dieser Auffassung aus gewinnen wir einen prinzipiellen Standpunkt zur Lösung einer Frage, die unseres Erachtens vom Gesetz ganz deutlich entschieden und dennoch kontrovers geworden.

Das Gesetz bestimmt, daß der Eigenthümer die auf seinen Namen eingetragene Grundschuld auf Grund des Grundschuldbriefs bei der Vertheilung der Kaufgelder in Folge einer Zwangsversteigerung für sich geltend machen kann. Das Gesetz scheidet nicht, ob ein Anderer das Grundstück ersteht, oder ob dem Eigenthümer das Eigenthum auf Grund seines Gebots belassen wird. Auch wir dürfen also nicht scheiden.

Soweit der Eigenthümer das Recht seiner Grundrente in der Form der Eigenthümer-Grundschuld zu einer selbständigen Theil-Existenz gebracht hatte, konnte dieses Recht den Exekutions-Angriffen nur nach den Maßgaben dieser Form unterliegen. Durch die Einleitung der Zwangsversteigerung und die durch dieselbe bewirkte Beschlagnahme des Grundstücks, die allerdings noch im Termin zur Belegung und Vertheilung der Kaufgelder besteht, war jenes Recht offenbar nicht berührt. Kauft der Eigenthümer die Dispositionsbefugniß über seine Sache und damit seine eigene Sache — der Ausdruck ist ganz genau[1]), wiewohl an sich emptio rei suae non consistit — so bleibt er nach wie vor Eigen-

[1]) Fr. 34 § 4 D de contrah. empt. 18, 1. rei suae emptio tunc valet, quum ab initio agatur, ut possessionem emat, quam forte venditor habuit, et in judicio possessionis potior esset.

thümer des Grundstücks, nach wie vor aber auch Eigenthümer des Rechts an der Grundschuld als des, mit dem Eigenthumsherrschaftsrecht nicht zusammenfallenden, Rechts an dem betreffenden grundbuchmäßig fixirten und durch die Zwangsversteigerung nicht berührten Theil der Grundrente.

Mit dieser Auffassung der Grundschuld als eines aktuellen Rechts des Eigenthümers, das allen Rechtsangriffen und Rechtsvorgängen nur nach den Maßgaben seiner besonderen Rechtsmaschinerie unterliegt und also durch die Auflassung des Grundstücks nicht berührt werden kann, vermeiden wir den zweifelhaften oder wenigstens strittigen Gesichtspunkt eines Vorbehalts des dinglichen Rechts bei der Uebertragung des Eigenthums und alle Fiktionen, welche nicht zu vermeiden sind, wenn man die Eigenthümergrundschuld nur als eine vorbereitende Form sich denkt. So hat zum Beispiel Heidenfeld[1]) eine brevi manu traditio statuiren müssen, vermöge der das Gesetz auf den Veräußerer, der den Grundschuldbrief behält, das Gläubigerrecht überträgt, indem in der Annahme der Auflassung des Grundstücks und Eintragung des Erwerbers als Eigenthümers zugleich auf Seiten des Letzteren der Wille der Uebertragung des Eigenthums am Recht der Grundschuld auf den Veräußerer gefunden werde.

Von diesem Standpunkt aus treten wir endlich der gemeinen Meinung gegenüber, daß die Hypothek des Eigenthümers nur formell die Eigenschaft einer Hypothek behalte, materiell mit der Grundschuld identisch sei. Aus einer Eigenthümer-Grundschuld kann nie eine Hypothek werden. Hypothek und Grundschuld sind wesentlich verschiedene Rechte. Diese Verschiedenheit ließe sich natürlich wissenschaftlich nur dann begründen, wenn man gleichzeitig die Theorie der Eigenthümer-Hypothek entwickeln wollte.

Hier nur ein paar praktische Bemerkungen.

Wäre die Eigenthümer-Hypothek Eigenthümer-Grundschuld, so hätte dem Eigenthümer nicht gestattet werden dürfen, die Hypothekenpost auf seinen Namen umschreiben zu lassen, man hätte ihm nur das Recht geben dürfen, an Stelle der getilgten Hypotheken Grundschuldbriefe auszugeben. Ein desfallsiger Antrag ist unter ausdrücklichem Hinweis auf die Analogieen des römischen Rechts für die Eigenthümer-Hypothek abgelehnt worden.

Der eingetragene Eigenthümer ist berechtigt, die Hypothek auf seinen

[1]) a. a. O. S. 123.

Namen umschreiben zu lassen. Ob ihm dieses Recht bleibt, wenn ein anderer Eigenthümer eingetragen worden, ist so außerordentlich zweifelhaft[1]), daß selbst die extreme Meinung vertheidigt ist, daß die Eigenthümer-Hypothek beim Verkauf des Grundstücks auf den Erwerber übergehe und auf dessen Namen umgeschrieben werden könne[2]). Die Eigenthümer-Grundschuld entgeht diesem Streit der Meinungen unzweifelhaft dann, wenn sich der Eigenthümer Blanko-Abtretung hat ertheilen lassen.

Mit gutem Grunde ist ferner dem Eigenthümer, dem das Grundstück in der Zwangsversteigerung belassen wird, das Recht bestritten, die bezahlte Hypothekenpost zu liquidiren. Bei der Grundschuld scheint dieser Zweifel nicht möglich.

Das Kammergericht hat sodann angenommen, daß der Grundstücks-Eigenthümer nur dann berechtigt sei, auf Grund der Löschungsbewilligung des eingetragenen Gläubigers über eine Hypothek durch Abtretung zu verfügen, wenn die derselben zu Grunde liegende persönliche Forderung rechtsgiltig sei. Ergebe sich aus den beigebrachten Urkunden, daß eine solche Forderung nicht zur Existenz gelangt und aus diesem Grunde die Löschung der Hypothek bewilligt sei, so könne einem auf Grund der Löschungsbewilligung und einer Abtretungs-Urkunde des Grundstücks-Eigenthümers gestellten Umschreibungs-Antrage nicht stattgegeben werden.

Ebenso deutlich werden die Unterschiede beider Figuren durch das Anfechtungsrecht der postlozirten Gläubiger gegenüber der abgetretenen Eigenthümer-Hypothek illustrirt. Eine solche Hypothek ist durch Erkenntniß des dritten Senats des Königlichen Ober-Tribunals vom 12. Mai 1876 Mangels Existenz der unterliegenden persönlichen Verbindlichkeit für ungültig erklärt.

Unzweifelhaft hat endlich der Eigenthümer-Hypothekar nicht das Recht der Blanko-Abtretung.

---

[1]) Johow, Jahrbuch, Band 6, S. 203, Turnau S. 526.

[2]) Schollmeyer a. a. O., S. 52.

Zweiter Abschnitt.

Die Grundschuld in fremder Hand.

16. Parallelisirung der Grundschuld und Reallast.

Der hohe Reiz, den das Problem der Unmittelbarkeit einer selbständigen, kündbaren, dinglichen Belastung auch in der Gestalt der neupreußischen Grundschuld in der Hand eines vom Grundstücks-Eigenthümer verschiedenen Subjekts äußert, zu deren Definition wir übergehen, beruht hauptsächlich auf der Vereinigung der dinglichen und persönlichen Seite des Gebildes, auf der Verbindung zweier Kategorien, an deren Scheide das ganze Vermögensrecht die juristische Gestaltung gewonnen hat.

Das Gesetz selbst bezeichnet die dingliche und persönliche Seite des Phänomens deutlich genug.

Es nennt den Grundschuld-Berechtigten durchgehend Gläubiger oder Grundschuld-Gläubiger und bezeichnet den Verpflichteten bald als Eigenthümer, bald als Schuldner. Es giebt dem Gläubiger das Recht auf Zahlung, spricht ausdrücklich von einer Bezahlung und Tilgung der Grundschuld, giebt dem Gläubiger aber nichts als die dingliche Klage, wiewohl es eine Haft des Eigenthümers, aber eine Haft nur mit dem Grundstück statuirt. Zwei andere Stellen variiren wieder diesen Ausdruck und bestimmen, welche Objekte dem Gläubiger haften, und daß dieser sich an das Grundstück halten könne. Wo das Gesetz auch mit Bezug auf die Grundschuld von einem Verpfänder, von dem verpfändeten Grundstück und von der Pfandverbindlichkeit desselben spricht, da ist offenbar nur die äußere Oekonomie des Gesetzes, das zum Schaden des eigenartigen Grundgedankens der Grundschuld dieselbe mit der Hypothek gemeinsam artikulirt, der Anlaß dieser Wendung.

Eins ist klar. Das eine und dasselbe Rechtselement kann nicht zugleich Forderungsrecht und dingliches Recht sein. Eine solche Auffassung liefe auf den Goethe'schen Satz vom Geheimniß des vollkommenen Widerspruchs heraus. Nicht weniger gewiß scheint aber auch, daß der Rechtsinhalt der Grundschuld sich durch die Uebertragung auf eine vom Grundeigner verschiedene Person oder die Auflassung des Grundstücks, welche den zur Grundschuld fixirten Theil der Grundrente nicht berührt, weil er vermöge seiner besonderen Buchexistenz nur nach den Maßgaben dieser Form einem Rechtsangriff unterliegt, nicht ändern kann, daß die

5*

Rechtsmaterie bleibt, und die besonderen Lebensphänomene, welche die Grundschuld in fremder Hand äußert, nur als Symptome der Veränderung ihres Aggregatzustandes zu betrachten sind. Die Grundschuld bleibt ein Recht auf das Grundstückseinkommen und das demselben korrespondirende Kapital, wird aber ein Recht auf ein fremdes Grundstückseinkommen und trifft als solches wieder den Grundgedanken der Reallast.

Wie die Reallast ist die Grundschuld eine Essenz des Eigenthums[1]): „ein dingliches Recht auf eine Quote von der Nutzung eines Grundstücks. Was dieses produzirt, soll zu einem Theil einem fremden Berechtigten gewährt werden. — Das Geld ist der Werthrepräsentant der gewonnenen Nutzungsquote. — Indem eine Quote von der Nutzung geleistet werden muß, bedarf es der Abtheilung und Zuweisung derselben, als einer persönlichen Thätigkeit, die nur von der Person ausgehen kann, welcher die Nutzung zufällt, dem Eigenthümer oder Besitzer, der sich durch den Erwerb des mit der Reallast behafteten Grundstücks (persönlich als Schuldner) verpflichtet, das zu leisten, was dem Berechtigten zukommt[2])."

Es ist dieser Auffassung, welche wir bei der Bedeutung des Förster'schen Werks für die Theorie und Praxis des Preußischen Rechts als die herrschende Auffassung des Preußischen Rechts betrachten dürfen, von hochbedeutender Seite[3]) der Einwurf gemacht, daß hiernach nichts zu leisten sei, wenn einmal nichts produzirt worden. Wir glauben zu Unrecht. Das Grundeigenthum hat in Deutschland, wie von Gerber nachgewiesen, niemals als ein Recht von unbeschränkter Freiheit gegolten, es hatte weniger den Charakter eines ausschließlichen Rechts, als den eines Amts. Die allgemeine Amtspflicht des Grundeigenes zur Produktion wird durch die Belastung mit einer Reallast oder die Eintragung einer Grundschuld zu einer privaten Rechtspflicht gegenüber den bestimmten Berechtigten mit der Wirkung, daß wenn der Grundeigner nicht produzirt und nicht freiwillig zahlt, er seines Amts durch Zwangsvollstreckung entsetzt wird.

Allerdings ist diese Auffassung Förster's ein Anklang an Renaud's[4]) Theorie, der aber selbst von Friedlieb[5]) zugestanden wird,

---

[1]) Bezeichnend ist der alte Ausdruck Schoß. Ueber denselben Leyser, med. ad Pand. Band 11, S. 120.

[2]) Förster, Theorie und Praxis. 2. Auflage III. S. 339.

[3]) Stobbe, Privatrecht II. S. 220.

[4]) Beitrag zur Theorie der Reallasten, S. 5. 40.

[5]) Rechtstheorie der Reallasten. S. 139.

daß sie den juridischen Charakter der eigentlichen Reallasten am Richtigsten erfaßt habe.

Sie vermeidet die specielle Begründung Renauds's, welche die Schwäche derselben ist; denn die Früchte sind nach deutschem Recht in der That keine Accessionen des Grund und Bodens, und die Gewere ist weniger eine materiell-rechtliche, als formell-prozessuale Kategorie absoluter Privilegirung gewesen. Ob aber die Quote des Ertrages in Naturalleistungen oder in Geld besteht, ist einerlei. Die Bewirthschaftung für den eigenen Verbrauch schließt die Existenz einer Grundrente nicht aus, nur besteht die letztere dann in den Naturalprodukten und Leistungen, welche sich als Ueberschuß über den Unterhalt der aufgewendeten Arbeit ergeben[1]).

Wie die Reallast ist die Grundschuld als causa rei ein dingliches Recht, die einzelne Leistung die obligatorische Funktion des dinglichen Rechts.

Wir bestreiten die Richtigkeit der üblichen Schlußfolgerung, daß man mit einem Anspruch auf eine nicht blos beiläufige Leistung eines Anderen sofort in das spezifische Gebiet der Obligation gelangt.

Während bei der Vertrags-Obligation der sich zusammenschließende Wille den einfachen Knotenpunkt darstellt, ist es bei der Grundschuld ein komplizirteres und zugleich feineres, weil rein organisches Gewebe. Man könnte das obligatorische Moment der Grundschuld einen Zustandsanspruch nennen, entstehend aus der Kollision zwischen dem Recht des Eigenthümers auf die Gesammtnutzung und dem Grundschuldrecht auf die im Nutzungsresultat fixirte Quote von der Gesammtnutzung, nur daß die Voraussetzung dieses Anspruchs keine obligatio, kein persönlicher Wechselbezug ist und der Vermögensstoff des Anspruchs kein selbständiger, sondern der Stoff des dinglichen Rechts — ein Komplex von Ansprüchen, deren juristische Grundeinheit[2]) nicht das Wechselverhältniß zwischen Gläubiger und Schuldner, sondern das dingliche Recht ist.

Den Beweis für die Negative unserer Behauptung, für die Existenz von obligatorischen Ansprüchen, welchen keine Obligationen zu Grunde liegen, liefert unseres Erachtens bereits das römische Recht. Es sind das die Leistungspflichten der Besitzer als solcher, wie ältere Civilisten sie im vollen Gegensatz zu den Obligationen bezeichnen und behandeln[3]).

---

[1]) Dühring, Cursus, S. 162.

[2]) Kuntze, Obligation und Singularsuccession, S. 13.

[3]) Mühlenbruch, Pand. 4. Aufl. II., § 275, Anm. 6.

Auf die Begleitschaft der Leistungspflicht bei der vielumworbenen servitus oneris ferendi (fr. 6 § 2 D si serv. vind. 8, 5) legen wir kein Gewicht, weil diese Begleitschaft als Anomalie behandelt wird.

In dem berühmten fr. 7 pr. D de publicanis, 39, 4:

> Imperatores Antoninus et Severus rescripserunt, in vectigalibus ipsa praedia, non personas conveniri, et ideo possessores etiam praeteriti temporis vectigal solvere debere, eoque exemplo actionem, si ignoraverint, habituros —

erkennen aber bereits die Bologneser Interpreten den Gedanken, daß bei der Leistungspflicht des vegtigal die eine der drei Seiten, welche die civilistische „Komplexion" der species obligationis bilden, die eigentliche substantia obligationis, das ipsum jus obligationis fehlt.

Otto Papiensis[1]) bemerkt zu den Worten non personas:

scilicet tantum. Aut dicas, quod persona non obligetur. Et erit speciale, quod suppetit hypotheca sine personali obligatione.

Unter den beiden, dem Interpreten denkbaren Auffassungen, daß die Sache und die Person oder nur die Sache dem Rechtsverhältniß unterworfen sei, entscheidet er sich für die letztere und sucht seine Entscheidung durch die eigenthümliche Vorstellung eines Pfandrechts ohne persönliche Schuld zu begründen.

Die ordinaria drückt sich schärfer aus.

quando debetur tributum ratione praediorum, ipsa praedia sunt obligata, non personas — habebis tamen tuam actionem contra venditorem tuum, si tu ignorans hoc emisti.

Ebenso entschieden erklärt l. 2 Cod. de praed. et omn. reb. nav. 11, 2 betreffs der durch Constantin für dinglich erklärten functio naviculariorum:

res enim oneri addicta est, non persona mercatoris[2]).

Die Substanz, der „civilistische Gehalt" (Kuntze) der Obligation fehlt, die actio und das nomen, der obligatorische Anspruch und Stoff ist da. Das zeigt Papinian in fr. 5 pr. D de cens. 50, 15:

---

[1]) Citirt nach der glossirten Ausgabe des Pet. ab Area Baudoza Cestii, Lugd. 1593 unter dem Titel universi juris civilis in quattuor tomos distributi corpus.

[2]) Vgl. jus. prov. duc. Prussiae lib. 4 tit. 6, art. 7 § 1: Si quis fundum debentem censum vel alia onera emat — ad onera census non saltem futura, sed etiam ad ejus reliqua praestanda et solvenda obligatur. Census enim et publicarum pensitationum onera realia sunt, quae personam minime concernunt, sed cum ipsa re ad emtorem transeunt.

Quum possessor unus expediendi negotii causa tributorum jure conveniretur, adversus ceteros, quorum aeque praedia tenentur, ei, qui conventus, actiones a fisco praestantur: scilicet, ut omnes pro modo praediorum pecuniam tributi conferant: nec inutiliter actiones praestantur, tametsi fiscus pecuniam suam recuperaverit, quia nominum venditorum pretium acceptum videtur.

Wir dürfen diese Rechtsfigur, deren juristischen Charakter ein Papinian anerkennt, nicht mit einer „zu Gunsten des habgierigen Fiskus aufgestellten Singularität" abfertigen[1]). Trotz actio und nomen paßt der römische census nicht in das System der Obligation. Das folgt einmal aus der Haft des Nachfolgers für die Rückstände, das folgt außerdem aus der Entlastung des früheren Eigenthümers, die dem Fiskus gegenüber eintrat.

Der erste Punkt ist unstreitbar. l. 1 Cod. Theod. 11. 3 d. i. l. 2 Cod. Just. sine censu vel rel. 4, 47. l. 3 Cod. eod. fr. 36 D. de jure fisci 49. 14.

Die zweite Obligationswidrigkeit ist noch von Windscheid[2]) als zweifelhaft bezeichnet. Indessen scheint sie nach folgenden Quellenzeugnissen anzunehmen:

l. 5 Cod. Theod. 11, 3.

quisquis alienae rei quoquo modo dominium consequitur, statim pro ea parte, qua possessor fuerit effectus, censualibus paginis nomen suum postulet annotari, ac se spondeat soluturum; ablataque molestia de auctore, in succedentem capitatio transferatur.

l 2 eod. — —

onera ac pensitationes publicae ad eorum sollicitudinem spectent, ad quorum dominium possessiones eaedem migraverunt.

Erwägt man die Allgemeinheit dieser Ausdrücke und die Ueberschrift dieses Titels: sine censu vel reliquis fundum comparari non posse, erwägt man, daß die professio censualis, die sogenannte sponsio[3]) kein Rechtsakt war, keine eigentliche „Uebernahme der Steuerschuld[4])," sondern die Erfüllung einer bloßen Ordnungsvorschrift, da der Besitzer auch ohne dieselbe als Schuldner behandelt wurde, so wird

---

[1]) Renaud, Theorie der Reallasten, S. 50.

[2]) Pand. II., § 291. Anm. 1.

[3]) wozu zu bemerken, daß Andere in obigem Text ac respondeat oder ac se respondeat lesen. Vgl. die Noten in der Hänel'schen Ausgabe.

[4]) wie sie Dernburg auffaßt. Pfandrecht, I., S. 352 flg.

man schon hiernach die Entlastung des früheren Besitzers wahrscheinlich finden.

Bedeutsamer scheint l. 2 Cod. de annonis et tributis, 10, 16:

aes quidem alienum pro portione, ex qua quisque defuncto heres exstiterit, praestari oportet: annonas autem is solvere debet, qui possessiones tenet et fructus percipit.

Zu dem Wort annonas[1]) bemerkt schon die Glosse unter Berufung auf fr. 7 D. de publicanis 39, 4 und l. 3 Cod. de praediis et omn. reb. nav. 11, 2 etiam praeteritas, eine Erklärung, die unseres Erachtens die einzig richtige ist, weil so allein der Gegensatz zum Vordersatz zur Geltung kommt, der ganz allgemein lautet und also auch auf fällige Schulden zu beziehen ist.

Ist hiernach schon die Struktur dieser obligatorischen Gebilde von der der eigentlichen Obligationen verschieden insofern, als der Inhalt jener beschränkter einerseits und andererseits weiter erscheint, so gilt dasselbe von dem inneren Grunde beider Organismen. Das Obligationenrecht ist seinem Sinn und Wesen nach berechnet für die Verhältnisse unabhängiger, sich selbständig gegenüberstehender Individuen[2]). Sowie wir von Obligationen sprechen, betrachten wir Personen in ihrem Verhältniß zu einander[3]). Das gilt auch da, wo die obligatio ex re venit, wo sie als „Rechtsregel für den konkreten Fall" die aus dem Zustand resultirenden Beziehungen der Personen zu einander beherrscht. Wie weit man das Gebiet der Immediat-Obligationen auch fassen möge — man hat sie bei der Gemeinschaft von Eigenthum, bei der Pflicht, das Vermächtniß zu leisten, bei der grundlosen Bereicherung, der Verwandtschaft und den verwandtschaftsähnlichen Verhältnissen, bei der Verbindlichkeit der Exhibition und den Fällen der actio in rem scripta, beim römischen Ususfrukt und den Inhaberpapieren, bei den Retraktrechten, einigen Verbindlichkeiten der Lehns- und Fideikommißbesitzer u. s. w. zu statuiren versucht — überall stehen die Individuen sich selbständig gegenüber als solche. Anders dort, wo der Grundeigner als solcher die Steuer von seinem Einkommen und dem seines Vorgängers leisten soll, wo er mit dem Besitz sich auch der Leistungspflicht entschlägt, wo die Zahlungspflicht der juridischen Unmittelbarkeit für die Person ermangelt, welche zum Begriff jeder einfachen und wahren Zahlungs-Obligation gehört.

---

[1]) Ueber v. Savigny's Ansicht, daß der census statt der annona eingeführt worden, Birnbaum, rechtl. Natur der Zehnten, S. 72 flg.

[2]) Dernburg, Pfandrecht, I., S. 105.

[3]) Kuntze, Obligation u. Singularsuccession, S. 100. Windscheid, Actio, S. 44.

Der beliebte Ausdruck der publizistischen Quasi-Obligation erklärt nichts Eigenthümliches. Das Publizistische ist nicht so erheblich, weil es den Uebergang in Privathände nicht hindert, wie wir schon bei Papinian gesehen haben.

Das quasi ist hier, wie häufig bei den Neueren[1]), der Ausdruck für etwas, wofür man die Definition noch verlangt.

So erklärt v. Savigny[2]) trotz der ausnahmsweisen Redewendung Ulpian's in fr. 3 D de cens. 50, 15[3]) und trotzdem er die Möglichkeit zugesteht, jede einzelne fällige Steuersumme als eine Obligation gegen den Fiskus aufzufassen, daß die Steuerlast keine eigentliche obligatio ist, daß es außer dieser noch viele andere Fälle der juristischen Nothwendigkeit giebt, auf die der Ausdruck obligatio regelmäßig nicht anzuwenden.

Die Gleichartigkeit der Natur der privatrechtlichen und der publizistischen Reallasten ist von Juristen wie Dernburg, Stobbe, Wächter herauf bis J. H. Böhmer[4]) und einer vielleicht noch größeren Anzahl von Nationalökonomen behauptet. Historisch ist es ja auch erwiesen, daß eine große Anzahl öffentlich rechtlicher Lasten, welche zu Gunsten des Staats und der Gemeinde begründet waren, ein Gegenstand des Verkehrs wurden, verkauft, verpfändet und zu Lehen gegeben wurden.

Indessen darf solche Gleichartigkeit der Struktur, wie wir lieber sagen, nicht überschätzt werden. Eine tiefere juristische Vereinigung der Reallasten mit den allgemeinen Grundprinzipien des klassischen römischen Rechts ist jedenfalls unmöglich. Die Unmittelbarkeit der Theilhaberschaft an den Grundstückserträgen, welche die Reallast der Nutznießung[5]) vergleichbar erscheinen läßt, ist für den Fiskus und die römische Grundsteuer kaum zu behaupten. Das römische Grundeigenthum[6]), wiewohl es

---

[1]) Ueber das quasi der römischen Juristen, Pagenstecher a. a. O., II., S. 207

[2]) Obligationenrecht, § 3.

[3]) Tributo capitis obligantur.

[4]) Jus eccl. Prot. III., S. 640: census hic (der römische census) inhaerebat bonis ut onus reale. Wir setzen den Schluß dieses § 112 hierher, weil Böhmer u. E. zu Unrecht um eines gelegentlichen instar servitutis willen in der Dogmengeschichte der Reallast als Vertreter der Servitutentheorie gilt: denotat itaque census — in genere annuam praestationem ex bonis faciendam in signum alicujus juris vel reservati vel ab altero impetrati vel alteri, cui solvitur, constituti, ut in perpetuum ejus conservetur memoria.

[5]) Darauf hat Stobbe hingewiesen. Der Vergleich könnte an der interessanten Figur des fructus sine usu (Puchta, Pand. Vorl. I., S. 388) verschärft werden.

[6]) Birnbaum, Zehnten, S. 54 flg. Puchta, Inst. 6. Aufl. I., S. 133, 226, 229, 339. II, S. 518 flg.

zur Schätzung kam, konnte weder einer eigentlichen Ertragssteuer (der Unterschied der Realsteuer von der Grundeinkommensteuer ist klar) noch gar einer Abgabe von einem bestimmten Erzeugniß desselben unterliegen. Die Kastizität des Gedankens des Rechts, die Sonderung der Verpflichtung außer und neben der Berechtigung ist im Sachenrecht wie im Obligationenrecht und in dem System der Gewalten, das das römische Familienrecht bildet, der große Karakterzug dieses Rechts.

17. Die Radizirung der Leistungspflicht und die Kündbarkeit der Reallast.

Indem wir bei der Grundschuld die Ansprüche auf Zinsen und Kapital als Leistungspflichten bezeichnen, die keinen Obligationen entstehen, die mit dem äußeren Apparat einer Obligation arbeiten, wiewohl ihnen das eigentliche obligatorische Agens, die persönliche Bindung fehlt, die ökonomisch als nomina gelten können, wiewohl sie keinen selbständigen, einer Obligation entquollenen Vermögensstoff bieten, sondern ihr Stoff der Stoff des dinglichen Rechts ist, indem wir diesen Begriff nach der Negative hin, nach dem Gegensatz dieser Leistungspflichten zu den Obligationen, durch Anschauungen des römischen Rechts zu sichern versuchten, müssen wir uns bescheiden, daß eine engere positive Annäherung jener Leistungspflicht an unseren Grundschuldbegriff, welche in der Begrenzung der Haft des Leistungspflichtigen auf die ökonomischen Mittel des Grundstücks liegt, nach römischem Recht undenkbar ist.

Das Recht ist im römischen Begriff eine Sphäre des unbedingten Schaltens[1]). Der Kreis, den das Subjekt durch die Macht seiner Persönlichkeit um seine Vermögensverhältnisse schließt, umfaßt darum die Gesammtheit der Privatverhältnisse. Er bildet die Einheit, die sich von der Individualität des Subjekts auf das Objekt überträgt — die starre Privatsouverainetät[2]) des römischen Rechts, in welchem der Sieg des Rechts über seine Subjekte und Objekte eine absolute Gestalt gewonnen hat[3]). Wo das römische Recht eine unmittelbare oder auch nur mittelbare Leistungspflicht setzt, da konnte dieselbe nur das ganze „Privatterritorium" vertreten.

---

[1]) Stahl, über den Werth des römischen Privatrechts. Band 2 der Rechtsphilosophie. Anhang, S. 393 flg.

[2]) Leist, civilistische Studien, Band 2, S. 3, 4.

[3]) v. Gerber, das wissenschaftliche Prinzip des gemeinen deutschen Privatrechts, S. 139—141.

Wieder ist es das deutsche Recht, in dem der Grundgedanke dieser Eigenthümlichkeit der Grundschuld zu suchen ist.

Dem deutschen Recht ist die Vorstellung der Einheit der gesammten Vermögensverhältnisse eines Menschen mit der sie erzeugenden Persönlichkeit fremd. Es weiß nichts von der Einheit des Vermögens in der Person[1]). Es betrachtet das Grundeigenthum nicht nur als den wesentlichsten Theil des Vermögens, sondern erkennt die dinglichen Besonderheiten der Individualität der Grundeigenthumsverhältnisse nach den verschiedensten Richtungen an. Dem Allod im engern Sinn tritt das Lehen, das Bauerngut, das Familienfideikommniß entgegen[2]). Nicht minder erkennt es die Objektivität des kaufmännischen Kredits an, indem es z. B. bei Handelsgesellschaften das Handlungsvermögen von dem Privatvermögen der Inhaber einer Handelsniederlassung unterscheidet[3]).

Ueber den logischen oder gar juristischen Vorzug der einen Auffassung vor der andern läßt sich an sich gar nicht streiten. Kommen doch im System der Reallasten beide Auffassungen neben einander zur Geltung. Es handelt sich nur um die Berechtigung und innere Kraft desjenigen Prinzips, dem es gelingt, die Einheit des Vermögens, die auch der Grundgedanke des modernen Rechts ist, zu spalten. Dieses struktive Prinzip ist bei der Grundschuld die Selbständigkeit dieser Einkommenskategorie, ein Prinzip, das aus der römischen Wirthschaft, wie oben ausgeführt, nicht aufgehen konnte, das im germanischen Recht in der Macht der konkreten Gestalt der Lebensverhältnisse zur Geltung kam, das seine wissenschaftliche Rechtfertigung aber erst in der Scheidung und Begreifung der verschiedenen Produktivkräfte gefunden hat.

Nicht also nur nach seiner Struktur, auch nach dem innern Grunde der Gestaltung trifft der Zustandsanspruch, in dem das dingliche Recht der Grundschuld funktionirt, mit dem obligatorischen Moment des Rentenkaufs zusammen. Auch im Begriff des Rentenkaufs liegt die prinzipale und direkte Anknüpfung der Verbindlichkeit an das Grundstück. Nicht der Empfänger des Geldes und sein Erbe, sondern der jedesmalige Besitzer des Grundstücks ist für die Rente verpflichtet. Nur mit dem Grundstück und nicht mit dem übrigen Vermögen haftet der Verpflichtete; und während es für die übrigen Reallasten an einer einheitlichen Rechtsbil-

---

[1]) v. Gerber, deutsches Privatrecht. 8. Aufl. § 248. Huschke, im Rhein. M. 6, S. 257 flg.

[2]) Stobbe, Privatrecht, 2., S. 5.

[3]) Entsch. des Reichs-Oberhandelsgerichts 11, S. 152, 13, S. 144, 20, S. 180, 21, S. 130.

dung über die Frage fehlte, ob der Nachfolger für die Rückstände aus der Zeit des Vorbesitzers hafte, stand diese Verpflichtung für den Rentenkauf allgemein fest. Und wenn sich auch schon im Mittelalter der Umschlag anbahnte, daß der Rentenschuldner ausdrücklich seine unbeschränkte Haft versprach, so ist doch für den älteren Rentenkauf jenes negative Merkmal nach den Untersuchungen von Dunker[1]) und Stobbe[2]) wohl allgemein anerkannt.

Die Resultate jener Untersuchungen hier eingehender zu reproduziren, sehen wir keinen Anlaß. Eher glauben wir dem einen oder anderen Leser dieser Blätter etwas Neues zu bieten, wenn wir ein der heutigen Grundschuld merkwürdig prototypes Denkmal des altdeutschen Rentenkaufs aus jüngster Zeit ausführlicher erwähnen.

Es ist das Pfennigzinsrecht der Stadt Danzig. Ein Pfennigzins war dort eine jährliche, durch einen Gültenkaufvertrag bestellte und auf ein Grundstück zur ersten Stelle eingetragene wiederkäufliche Rente. Die ferner eingetragenen Kapitalien hießen erste, zweite, dritte Verbesserung, als sei für sie nur insofern ein Anspruch, als das Grundstück noch besser, das heißt mehr werth sei als das Pfennigzinskapital[3]). Die revidirte Willkür von 1597 kodifizirte altes Recht. Das älteste Erbbuch geht von 1415 bis 1633. Die vorzüglichste Abweichung von der ursprünglichen Natur des Rentenkaufs ist die[4]), daß auch dem Zinskäufer das Recht zustand, den Wiederkauf des Zinses und also sein Kapital zurückzuverlangen, selbst, wenn der Zins richtig abgetragen wurde. Pfennigzins- und Verbesserungsgläubiger konnten sich wegen Hauptstuhls und Zinsen, laufender und versessener, an das Grundstück, aber auch nur an dieses halten, nicht an das übrige Vermögen des Verkäufers oder des zeitigen Besitzers. Wenn Pfennigzinsrechte oder Verbesserungskapitalien bestellt wurden, nahm man über die von unserem Gewährsmann so genannten „Anlehen" und die „Verpfändung" keine schriftlichen Dokumente auf, sondern „creditor" und „debitor" erschienen vor der Erbbuchskommission, gaben ihre Erklärung mündlich ab, die Verschreibung im Erbbuch erfolgte in ihrer Gegenwart, sie wurde vorgelesen, und sofort ein „Erb-

---

[1]) Reallasten, S. 71 flg. S. 81.

[2]) Zeitschrift für deutsches Recht, 19, S. 201 flg. Privatrecht, 2, S. 248 flg.

[3]) vgl. das preußische Landrecht von 1721, L. IV, Tit. 5, Art. 6, § 6: „einem die Besserung oder Ueberbesserung fürder verpfänden."

[4]) F. G. Sievert, das Pfennigzins- und Strohwischrecht. Ein Beitrag zum deutschen Privatrecht aus den Statuten der Stadt Danzig. Halle, 1802, S. 20, 18 19, 43, 46, 54.

buchsextrakt" ertheilt. Ebensowenig war die Uebertragung solcher Kapitalien durch sogenannte Cession und Subinscription an schriftliche Urkunden gebunden. Auctor und Successor erschienen persönlich vor der Erbbuchsbehörde und ließen im Erbbuch das Nöthige vermerken. Es bestand das darin, daß der Name des ausscheidenden Besitzers des Kapitals auf dem Pergamentblatt ausgekratzt, und der Name des Adquirenten mit dem Vermerk des Datums darübergeschrieben wurde — eine interessante Versinnbildlichung eigentlicher Singularsuccession. Bei dieser Einrichtung war es nicht einmal nöthig, daß der sogenannte „Cedent" das Kapital schon auf seinem Namen stehen hatte, wenn er sich nur zur „Cession" hinreichend legitimiren konnte.

In der 1783 zuletzt revidirten Danzig'er Willkür lassen sich noch einige Züge dieser Rechtsbildung erkennen.

Der neurevidirten Willkür der Stadt Danzig vom Jahre 1761 mit den Zusätzen von 1783 zweiten Theils, zweiten Kapitels, Art. 8 lautet:

So wie in Bestätigung der Gelder auf liegende Gründe des creditors Absicht nicht sowohl auf des debitoris Person, als vielmehr auf das Pfand gerichtet ist, also kann, nach Vorschrift der Pfandesgerechtigkeit, kein creditor, der sein Geld auf ein Erbe jure hypothecae hat verschreiben lassen, sich an des debitoris Person, oder anderweitige Güter desselben wegen seines versicherten Geldes halten oder bezahlt machen, sondern ist lediglich an sein Pfand gebunden, aus demselben sich bezahlt zu machen, dergestalt, dass, wenn auch das ihm verpfändete Erbe durch Brand oder andere Unfälle vernichtet würde, er dennoch allein mit dem Grunde sich zu befriedigen gehalten, und irgend einigen Anspruch auf die Person oder Güter des debitoris zu machen keineswegs berechtigt ist. Da aber zwischen dem creditore und debitore etwa eine solche Verabredung geschehen wäre, dass, im Fall ersterer seines jure hypothecae gegebenen Geldes wegen an dem Erbe sich nicht sattsam erholen könnte, er an des debitoris Person oder andere desselben Güter sich zu halten, sollte berechtigt sein, so ist der debitor einem solchen von ihm beliebten Contract zu leisten schuldig und gehalten.

Derselbe Rechtsgedanke, der sich trotz einer undeutschen und unrömischen Jurisprudenz so lange unverkümmert gehalten hatte, der Gedanke der Objektivität des Grundkredits äußert sich, da das Grundstück die Quelle des Einkommens ist, in der Uebereignung des zinsfälligen

Grundstücks an den Rentener und in der Befreiung des Schuldners durch Dereliktion. Wenn das Grundstück derelinquirt wird, geht die Schuld nicht unter. Wenn ein Dritter dasselbe in Besitz nimmt und zu bebauen beginnt, kann der Rentener gegen diesen die Rentenforderung geltend machen.

Man hat diese, mit voller Unwillkürlichkeit überall sich aufdrängende Parallele zwischen unserer Grundschuld und der Reallast ziemlich allgemein durch die Distinktion zu verschieben versucht, daß die Reallast gerade in ihrer Unlöslichkeit ihren eigenthümlichen Karakter entwickele, während die Grundschuld die Bestimmung habe, durch Zahlung getilgt zu werden.

Indessen wiegt dieses Argument gegen die Verwandtschaft beider Gebilde sehr wenig. Weder die Ewigkeit noch auch die absolute Unkündbarkeit ist ein Kriterium der Reallast[1]). Selbst die Dauer der Last ist nach Umständen, z. B. da, wo die Reallast für die Lebenszeit bestellt wird (Witthum und Leibzucht) sehr beschränkt. Schon frühzeitig ist die einseitige Ablösung einzelner Arten Reallasten möglich gewesen: die Bestimmung einer einseitigen Ablösung der Renten Seitens des Besitzers des Grundstücks findet sich im lübischen Recht. In Folge besonderer Verabredung stand dem Besitzer eine solche Befugniß allgemein zu. Seit der P. O. von 1577 ist das Kündigungs- und Wiederablösungsrecht des Rentenschuldners ein allgemeines. Die Löslichkeit ist damit anerkannt; und wenn der Rentenkäufer bis in die späte Zeit hinein nach gemeinem Recht die Ablösung der Pflicht nicht verlangen darf, wenn der R. D. A. von 1600 eine desfallsige Abrede nur unter der Beschränkung zuläßt, daß die Kündigung von dem Verzug des Rentenschuldners abhängig gemacht wird, so ist darin offenbar keine prinzipielle Scheide mehr zu finden. Allerdings wandte man im Mittelalter auf Reallasten gleiche Grundsätze an, wie auf Immobilien, man sprach von einer Gewere, ließ Reallasten auf, betrachtete sie als lehnbares und verpfändbares Objekt, ließ sie durch Verjährung entstehen, forderte bei ihrer Bestellung und Veräußerung die Genehmigung der nächsten Erben, brachte auf sie petitorische und possessorische Rechtsmittel zur Anwendung, widerspricht indessen — so darf man um dieser Gleichstellung willen fragen — eine Resolutivbedingung dem Begriff des Eigenthumsrechts?

Die Ausschließung der Kündbarkeit folgt nach Friedlieb's licht-

---

1) Friedlieb, S. 153, 220, 259 und öfter.

vollem Gedanken nur aus der Natur der der Stiftung der Reallasten zu Grunde liegenden Rechtstitel. Wo nicht die causa eine beliebige Lösung ausschließt, da ist die Reallast nicht nothwendig unkündbar[1]). Damit, daß in der Bewilligung der Eintragung der Grundschuld von der causa derselben abstrahirt wird, ist unmittelbar die Kündbarkeit der Grundschuld gesetzt, abgesehen davon, daß die causa der Grundschuld der Regel nach die Kündbarkeit bedingt. Folgerecht ist auch die Regel des Rechts, daß die Reallasten auf den Ersteher in der Zwangsversteigerung übergehen, für die Grundschuld durchbrochen.

Praktisch ist für den Eigenthümer die durch die Verkehrsmaschinerie gesteigerte Negoziabilität ein gewisser Ersatz der Unkündbarkeit. Getilgt wird die Grundschuld auch nur in ihrer Sonderexistenz, als Theil des reinen Einkommens, der freien Grundrente, ist sie untilgbar.

Es liegt uns natürlich sehr ferne, mit diesen Betrachtungen die Lösung der Kontroverse über die rechtliche Natur der Reallast zu prätendiren, der ein Bestand bis dahin prognostizirt ist, wo das Rechtsinstitut der Reallast selbst aus dem Privatrecht verschwunden sein wird[2]). Es kommt uns wesentlich nur darauf an, die Gleichheit der Aufgabe nachzuweisen, welche die Analyse der Grundschuld mit der Frage hat, wie der heutige Rechtsinhalt der Reallast zu denken ist. Erkennt man die Homogenität beider Gebilde an, dann muß der wirthschaftliche Grundgedanke derselbe sein. Eine andere Erklärung dieses physiologischen Grundes als aus dem Begriff der Grundrente ist aber der Natur des Eigenthumsinhalts nach unmöglich. Hier nur die eine persönliche Bemerkung noch, daß unsere Auffassung des persönlichen Anspruchs als eines Forderungsrechts, ohne daß eine Person als solche für dasselbe leistungspflichtig ist und in einem eigentlichen obligatorischen Nexus, dem persönlichen Wechselbezuge, steht, auch für die Reallast wenigstens nicht neu ist[3]).

---

[1]) Förster, Theorie und Praxis, III., S. 338, Anm. 27. Auch der 1. Senat des Ober-Tribunals führt aus, daß der wesentliche Unterschied zwischen einer Hypothekenforderung und einer Reallast nicht in die Dauerbarkeit, sondern darin zu setzen, daß dort ein accessorisches dingliches Recht zur Sicherung eines persönlichen Hauptrechts vorliegt, bei der Reallast aber das Hauptrecht selbst seiner Bestimmung nach dinglich ist. Entsch. 31. S. 390, 391.

[2]) Förster, a. a. O. III., S. 334.

[3]) Vgl. Friedlieb, S. 135. — Nachdem schon die Motive eine Verwandtschaft der Hypothek des Entwurfs mit den Reallasten anerkannt hatten, Stüler (Behrend's Zeitschrift 4, S. 31 und Buchka a. a. O. S. 75) die Aehnlichkeit in die Augen gefallen war, welche die Konstruktion der Grundschuld mit der Frage hat, was für eine

18. Die Dinglichkeit der Grundschuld.

Bei der Grundschuld wie bei der Reallast wirkt aus dem Recht ein Bann auf die Sache. Hier wie dort kehrt das erworbene Recht seine Kraft und Spitze gegen die unbestimmte Menge aller Derer, welche später in rechtliche Beziehungen zu der Sache treten[1]).

Die dingliche Natur der Reallast ergiebt sich, wie von Meibom[2]) erinnert, schon aus der Behandlung derselben im gemeinrechtlichen Konkurs, der die Berechtigung der Last im Ganzen nicht berührt. Die Gesammtberechtigung kann vollständig existiren und durch Klage auf Anerkennung zur Geltung gebracht werden, bevor ein Forderungsrecht auf eine einzelne Leistung zur Existenz gelangt ist. Das dingliche Recht besteht eben darin, daß die Last als Ganzes auf dem Grundstück ruht. Auf dieses dingliche Fundament der Reallast weist auch die Geschichte mit deutlichen Zeichen. Ein Recht auf Handlungen eines Menschen kann man nicht auflassen und noch weniger kann man jemand mit Handlungen einer Person investiren[3]). Die Einwilligung der nächsten Erben zur Konstituirung der Last, die Haftung des Erben mit dem belasteten Grundstück über den Bestand der Fahrhabe hinaus, der Besitzschutz und die Ersitzung der Last, die Konsolidation, nicht Konfusion der Last — alles das sind Rechtserscheinungen, die anders erklärt werden müssen, als dadurch, daß man nun einmal die Reallasten wie dingliche Rechte „behandelt" hätte.

Allerdings enthält ein jedes dingliche Recht eine Herrschaft über die Sache[4]). Diese Herrschaft ist auch bei der Grundschuld wie bei der Reallast vorhanden — bei der Leistung des einzelnen Einkommentheils nur indirekt, direkt (wenn auch in bestimmten Formen richterlicher Vermittelung) in dem Anspruch auf Schutz gegen Devastation und in der Zwangsversteigerung.

Wenn wir die Last im Ganzen bei der Grundschuld wie bei der Reallast für dinglich halten, die einzelne Leistung aber für obligatorisch,

---

Natur den Reallasten zuzuschreiben, betont Stobbe (Privatrecht. 2, S. 207, 303) die engere Annäherung der modernen Hypothek an die Reallast und insbesondere das Rentenrecht, wobei er die Verpflichtung des Eigenthümers bei der Grundschuld von der römischen Obligation strenge unterscheidet.

[1]) Hartmann, Obl. S. 138.

[2]) a. a. O. S. 505.

[3]) Mann, Untersuchungen über den Begriff der Reallasten, S. 87.

[4]) Stobbe, Privatrecht, 2, S. 215.

so sollen sich allerdings nicht die einzelnen Leistungen „zusammengenommen[1])" als dinglich karakterisiren. Nicht auf dem Boden der Mechanik bewegen wir uns hier, sondern im Getriebe der Dynamik. Der obligatorische Anspruch ist eine Funktion des dinglichen Rechts.

Auch darf man sich das dingliche Recht nicht als die Voraussetzung des persönlichen Rechts als eines anderen[2]) Rechts denken. Das wären disjecta membra eines Organons. Die Elemente der Last individualisiren sich ja keineswegs zu einer Mehrheit selbständiger Rechtsexistenzen: abgeschlossen als solches existirt das dingliche Recht garnicht, nur als Ferment des ganzen Gebildes; nicht die Voraussetzung des persönlichen Rechts ist das dingliche Recht, sondern dessen elementarer Grund.

Man dürfte nicht irren, zuzugeben, daß die Reallasten und unsere Grundschuld im System der römischen jura in re aliena keinen Platz finden. Die besondere deutsch-rechtliche Dinglichkeit, die man behauptet hat, ist unseres Wissens zu enge auf die Gewere gestützt, als daß man sie im heutigen Recht als eine besondere Rechtskategorie anerkennen könnte.

Man hat die Unabhängigkeit des dinglichen Rechts von einer Person nach Konstituirung desselben die Souverainetät des dinglichen Rechts genannt. Diese Souverainetät bewährt sich bei der Grundschuld nicht nur im Fall der Herrenlosigkeit des Grundstücks, sie besteht allgemein, weil eine subjektive positive Bindung die Grundschuld überhaupt nicht begleitet. Dadurch, daß ein persönlicher Wechselbezug zwischen Gläubiger und Schuldner bei der Grundschuld fehlt, daß der Grundschuldgläubiger lediglich auf das Grundstück angewiesen ist, tritt er in ein unmittelbares Verhältniß zur Sache. Forderungsrechte gehen in den ihnen entsprechenden Ansprüchen auf, nicht die dinglichen Rechte, nicht die Grundschuld, weil die Grundschuld nicht nur einen Anspruch auf Zahlung, sondern Zahlung in einer bestimmten Priorität nicht nur dem Schuldner, sondern auch Dritten gegenüber gewährt. Das Gewaltverhältniß der berechtigten Person zum Gegenstand des dinglichen Rechts, das sich in der Weise äußert, daß die Berechtigung unmittelbar auf das Objekt geht, daß der dinglich Berechtigte ohne Dazwischenkunft einer Person innerhalb der ihm zustehenden Rechtsbefugniß mit diesem Recht schalten und walten kann nach Belieben, besteht auch bei der Grundschuld im Antrag auf Zwangsverkauf und auf Devastationsschutz, nur

---

[1]) Stobbe, Privatrecht, 2, S. 216.

[2]) Friedlieb, Rechtstheorie der Reallasten, S. 161.

in bestimmten Grenzen. In dem rechtlichen Bann, den die Eintragung der Grundschuld auf die Sache legt, verpflichtet die Grundschuld wie jedes andere dingliche Recht allgemein jeden und, abgesehen vom Grundstückseigenthümer, jeden auch nur allgemein und auch nicht aus einem besonderen, sondern wie jedes dingliche Recht nur aus dem allgemeinen Grunde seiner gesetzmäßigen Existenz. Das eine Spezifikum des römischen dinglichen Rechts, daß sein Inhalt durch den Berechtigten selbst realisirbar ist, und das dingliche Recht in seiner Integrität niemals eine Verbindlichkeit zum Gegenstand hat, daß es einen bestimmten Gegner erst durch seine Verletzung erhält, und diese Gegnerschaft, mit der erst das dingliche Recht einen obligatorischen Karakter gewinnt, als bloße Konsequenz des dinglichen Rechts erscheint; dieses Spezifikum fehlt bei der Grundschuld, wo die obligatorische Funktion des dinglichen Rechts von vorneherein in individualisirten Ansprüchen arbeitet. Ob und wie man darum diese deutsch-rechtliche Dinglichkeit im System besonders klassifiziren soll, kann hier nicht erörtert werden.

Die dingliche Klage, welche das Gesetz dem Grundschuldgläubiger giebt, ist nach alledem die actio confessoria utilis, die einerseits auf Anerkennung des Grundschuldrechts geht, etwa, wo das Grundbuch verloren oder zerstört ist, oder die Löschung aus Irrthum erfolgt ist, andererseits[1]) zur petitorischen Eintreibung der Gefälle und des Stammkapitals dient.

Nach der Ueberschrift des dritten Abschnitts des Gesetzes und den §§ 18, 23 und 25 ist nun allerdings nicht zu zweifeln, daß Grundschulden auch zinslos eingetragen werden müssen. Es lassen sich auch praktische Bedürfnisse nach solchen Eintragungen denken. Möglich, daß ein solcher Brief als Kautionspapier einmal besonders bequem ist, möglich, daß der Eigenthümer, der spätere Eintragungen bewirken und den Grundschuldbrief in seinem Tresor behalten will, zugleich den Zinssatz, für den die Grundschuld seiner Zeit am leichtesten laufen wird, abwarten will. Den Schlüssel für diese unfertige Figur bietet § 25. Trotz dieser Unfertigkeit dürfen wir eine solche Eintragung nicht in die Kategorie der vorbereitenden Eintragung stellen. Sie ist die nackte Konsequenz der Logik, daß der Bezug der Grundrente ein Recht des Eigenthümers ist, und daß jedes Prinzip, welches ein Recht auf Einkünfte für die Gegenwart oder die Zukunft giebt, ein Recht auf dasjenige Stammkapital ist, aus welchem die Einkünfte sich bilden. Durch die Fixirung

---

[1]) vergl. Stobbe, Privatrecht 2, S. 228, Friedlieb, S. 324.

des betreffenden Stammkapitals ist der korrespondirende Theil der Grundrente gebunden, diese Bindung aber nicht zur vollständigen formellen Existenz gebracht. Ein unfertiges Grundschuldrecht, immer ein Recht.

19. Die Abstraktion von der Causa.

Die Grundschuld entsteht durch einseitigen, richterlich durch die Eintragung kompletirten, formalen Rechtsakt, welcher, wie alle civilistischen Formalakte ein positives Solemnitäts- und ein negatives Kausalitätsmoment[1]) bietet.

Ueber das erstere Moment ist nicht viel zu verhandeln. Sein deutsch-rechtlicher Ursprung liegt auf der Hand. Wie das germanische Recht von jeher geneigt gewesen, Bildungen anzuerkennen, welche im römischen Dogmenbau neben Testament, Geldwurf, dotis dictio u. s. w. zu stehen kommen[2]), so hat das deutsche Partikularrecht mehrfach die Existenz der Reallast ausschließlich an die titellose Inskription als Formalakt geknüpft[3]).

Wichtiger und interessanter ist das zweite Moment, die Abstraktion von dem Spezialmotiv, die Erhebung des Rechts zu einem absoluten[4]). Dasselbe ist eine civilistisch-produktive Potenz so eminenter Art, daß seinetwillen allein ohne Uebertreibung und Unklarheit[5]) von einer organischen Präsenz, einer substantiellen Innerlichkeit der Verbindung, einer Verkörperuug[6]) des Rechts in der Eintragung und in dem Grundschuldbrief als dem beweglich gemachten Intabulat[7]) gesprochen werden darf.

Zwar ist die Bedeutung der Causa beim Eigenthum und den dinglichen Rechten eine andere als bei den Obligationen. Während bei diesen der Entstehungsgrund die Individualität bestimmt, ist der Begriff

---

1) Die Terminologie rührt von Kuntze her.

2) Kuntze, Inhaberpapiere, S. 350.

3) Eichhorn, Privatrecht, 4. Ausg., § 163. Stobbe S. 245. Friedlieb S. 246 flg. 326. Die Auflassung ist bei der Rentenbestellung konstatirt, auch wenn kein Rentenkauf vorlag. Schon frühe sind Renten als Schenkung bestellt, dem Schwiegersohn als dos übertragen, im Testament ausgesetzt; als Theil des Kaufpreises bestellt, als Pfand, Leibgedinge bestellt. Stobbe, Zeitschrift, Band 19, S. 188.

4) Entsch. des Reichs-Oberhandelsgerichts, 13, S. 74.

5) Förster, Grundbuchrecht, S. 141. Theorie und Praxis, 1., S. 352.

6) Vgl. Entsch. des Reichs-Oberhandelsgerichts, Band 18, S. 18.

7) Diese Auffassung Bähr's (a. a. O. S. 92) ist unseres Erachtens dadurch nicht berührt, daß man im Gesetz in bewußter Aenderung des Entwurfs den Grundschuldbrief als die alleinige Publizitätsquelle gegenüber dem Grundbuch hergestellt hat.

des dinglichen Rechts immer derselbe, mag dessen Entstehung auf diesen oder jenen Erwerb gestützt werden. Hier ist die Causa remot, hier ist sie der Rechtsvorgang, durch den man in die Position zur Sache gelangt, dort conceptive Potenz.

Indessen ist die Causa nicht einmal für das Eigenthum, viel weniger für die dinglichen Rechte bedeutungslos[1]). Es ist möglich, daß das Rechtsgeschäft, auf welches der Erwerb des Sachenrechts sich gründet, der Rescission unterliegt. Es kann auch sonst das erworbene Recht an der Sache rücksichtlich seiner Dauer beschränkt sein. Die Causa der Dos beeinflußt das ehemännliche Eigenthum unmittelbar. Von der Causa hängt es beim Eigenthum ab, welche Anwartschaft der dominus auf die Früchte hat. Die dinglichen Rechte, deren „obligationenähnliche Natur[2])" unverkennbar ist, werden von der Causa in ihrem Bestande unter Umständen ganz unmittelbar berührt. Zur Causa der Rechtsstellung desjenigen, der vom Nießbraucher oder Pfandberechtigten ein Pfandrecht erwirbt, gehört es, daß der Tod des Nießbrauchers und die Befriedigung des Pfandberechtigten das Pfandrecht zerstört[3]).

Die dinglichen Rechte auf eine fremde Sache können an eine Verpflichtung, an eine Gegenleistung des Berechtigten geknüpft sein, § 30 Tit. 19 Th. I. A. L. R., und dieses Moment ist von besonderem Einfluß, wo es sich um den Fortbestand des dinglichen Rechts handelt. Hier kann sich der Berechtigte einseitig durch Entsagung oder Nichtgebrauch des Rechts nicht von seiner Verpflichtung frei machen, §§ 182, 183 Tit. 21 a. a. O., und erhält sich andererseits sein nicht eingetragenes Recht selbst, wenn er es nicht gebraucht, so lange er die Gegenleistung erfüllt. § 32 Tit. 19 a. a. O.[4]).

Die Abstraktion von der Causa nähert das dingliche Recht ebenso wie das persönliche Recht dem formellen Urtelsrecht an, indem es einerseits neben dem faktischen Rechtsbestande (wenn ein solcher überhaupt vorhanden, was bei der Grundschuld, wie oben ausgeführt, nicht immer nothwendig) ein neues, von diesem unabhängiges Recht konstituirt und dieses andererseits annähernd wie das Urtheil mit der Fiktion der Wahrheit bekleidet[5]).

---

[1]) Kuntze, Inhaberpapiere, S. 233.

[2]) Bähr, Anerkennung, 2. Aufl., S. 211, 212.

[3]) Exner, Kritik des Pfandrechtsbegriffs, S. 93.

[4]) vgl. Dernburg und Hinrichs, preußisches Hypothekenrecht, Seite 422, Anm. 17.

[5]) Bähr, Anerkennung, 2. Aufl., S. 52, 182. Kritik des Entwurfs, S. 71:

Dieser Gesichtspunkt ist quellenmäßig:

Marcellus in fr. 3 § 11 D. de peculio 15, 1.

— — sicut in stipulatione contrahitur — ita judicio contrahi — —

12 Taf. Fr. bei Festus: quum nexum facit mancipiumque, uti lingua nuncupasset, ita jus esto.

Paulus in fr. 27 § 2 D. de pactis, 2, 14.

— — in stipulationibus jus continetur, in pactis factum servatur. — —

Ulpian in fr. 50 D. de leg. I.

— — jus facit haec pronuntiatio (sc. judicis) — —

Paulus in fr. 17 § 1 D. de inoff. test. 5, 2.

— — hoc enim casu non creditur jus ex sententia judicis fieri — —

Paulus in fr. 26 § 2 D. de jurejur. 12, 2.

jurisjurandi conditio ex numero esse potest videri novandi delegandive, quamvis habeat et instar judicii.

Es ist nichts Aeußerliches, was diesen Rechtsvorgang treibt, nichts, was insbesondere mit der Grundbuchverfassung tiefer zusammenhängt, als daß der Mechanismus derselben die conditio sine qua non der formellen Entstehung ist. Die causa efficiens ist das voluntare Element.

Niemand zweifelt, und schon die Klassifikation der alten bonae fidei und stricti judicii actiones und die Verwandlung der bonae fidei obligationes mittelst stipulatio beweist es, daß der Rechtswille der Kontrahenten den Gehalt der Obligation zur Vereinfachung des Rechtsverhältnisses und des künftigen richterlichen Amts, zur Vermeidung von Ueberschreitungen des Gläubigers und von Ausflüchten des Schuldners mit voller Genauigkeit feststellen und von ihrem faktischen Bestand isoliren kann[1]).

Hat der Wille die Fähigkeit, die innige Verbindung[2]) des obli-

---

„Rechte, die schon kraft der äußeren Form, durch welche sie in die Erscheinung treten, unangesehen ihrer materiellen Grundlage wirken, pflegen wir formelle Rechte zu nennen. In diesem Sinn begründet der Eintrag ein formelles Recht; aber freilich nicht ein absolut wirkendes wie die res judicata, sondern nur ein relativ wirkendes, d. h. er unterliegt, wenn er sich mit seiner materiellen Grundlage in Widerspruch setzt, ähnlich der Formal-Obligation, bis zu gewissem Maße der Anfechtung."

[1]) Puchta, Pand. § 236.

[2]) Bähr, Anerkennung, S. 169.

gatorischen Versprechens mit dem Rechtsgrund zu lösen und das einfache Versprechen mittelst eines reinen Vertrages (wie Windscheid sagt) zum selbständigen Obligationsgrund zu erheben, so ist nicht abzusehen, warum derselbe Wille nicht den entfernteren Zusammenhang des dinglichen Rechts mit seiner Causa aufheben und das dingliche Recht in gleicher Weise auf diesen rein voluntaren Grund stabiliren könnte. Vermöge dieses voluntaren Vorgangs gelangen wir in der Grundschuld zu einem reinen dinglichen Recht auf einen Theil fremder Bodenrente und das demselben korrespondirende Stammkapital. Der Bestimmungsgrund hat hier, wie bei der Obligation, „nur insofern Bedeutung, als bei Ermangelung des Bestimmungsgrundes, d. h. wenn die Vorstellung von demselben der Wirklichkeit nicht entspricht, das Versprechen, nach den Grundsätzen der Lehre von der Voraussetzung angefochten werden kann[1])."

Nur vor einem Mißverständniß möchten wir uns verwahren. Indem wir dieses Kausalitätsmoment im Anschluß an Kuntze's Terminologie als ein negatives bezeichneten, sollte damit nur das Verhältniß des Rechts zur causa specialis angedeutet werden. Die bloße Negation kann keine rechtsschaffende Kraft entwickeln. In der That liegt, genau gesehen, in diesem negativen Kausalitätsmoment ein höchst positives Element: die Zurückstellung der Causa. Aeußerlich kann man darum die Bewilligung der Eintragung der Grundschuld als eine Bescheinigung der Erledigung der Causa[2]) auffassen. —

Daß im deutschen Rechtsverkehr und zwar hauptsächlich bei Rentenkäufen, bereits seit dem Anfang des 14. Jahrhunderts Inhaberpapiere nicht selten vorgekommen, hat Duncker[3]) bekanntlich nachgewiesen. Der Gläubiger konnte sein Recht nicht nur durch Auflassung, sondern auch durch Tradition des Rentenbriefs übertragen. Oft wurden die Rentenbriefe gleich zu Gunsten eines benannten Gläubigers und des späteren Besitzers der Urkunde ausgestellt. Auch wenn die Urkunde nur einen Gläubiger benannte, betrachtete man sie an manchen Orten wie ein Inhaberpapier. Sehr oft wird verkauft die Rente von, ab und aus dem Hause in crafft des Briefs.

Es scheint sogar, als ob sich eine annähernde Parallele zwischen der Bestimmung unseres Gesetzes, daß das Recht der Grundschuld durch die Eintragung entsteht, der eingetragene Gläubiger aber das Verfügungs-

---

[1]) Windscheid, Pand. § 364.

[2]) vgl. Bähr, Anerkennung, S. 281.

[3]) Zeitschrift für deutsches Recht, 5, S. 32—44, vgl. 11. S. 475.

recht über die Grundschuld erst durch die Aushändigung des Grundschuldbriefs erlangt, und der alten Auflassung einerseits und andererseits der Einräumung des Besitzes der Reallastberechtigung ziehen läßt. Es wird behauptet[1]), daß die Auflassung im Allgemeinen nur die Bedeutung gehabt habe, dem Zinsherrn die Liquidität und den Vorzug des Beweises zu verschaffen; und diese Behauptung wird allerdings wahrscheinlich, wenn bei der gerichtlichen Geltendmachung stets auf die zuständige Gewere am Zins, dagegen nur in einzelnen Stellen auf die stattgehabte Auflassung Bezug genommen wird, während andererseits zuweilen die Einräumung des Besitzes der Reallastberechtigung als deren Anfangspunkt bezeichnet wird, und zu diesem Behufe die Uebergabe der Handveste gedient hat.

Wir entlehnen das Zitat einer Urkunde[2]) von 1267:

Nos assignamus et praesenti scripto damus redditus valentes annuatim viginti marcas — priori et fratribus in L — tradentes eisdem fratribus per praesens instrumentum corporalem possessionem omnium praedictorum.

20. Die Konservirung der Causa.

Das Gesetz artikulirt die Sicherungsgrundschuld, zu deren Betrachtung wir uns wenden, gemeinsam mit der Hypothek, eine äußerliche Zusammenstellung, welche über die fundamentalen Verschiedenheiten beider Gebilde nicht täuschen darf. § 52 Eig. Ges. lautet:

Die Hypothek kann nur gemeinsam mit dem persönlichen Recht abgetreten werden.

Wird eine zur Sicherung eines persönlichen Rechts dienende Grundschuld ohne den persönlichen Anspruch abgetreten, so erlischt letzterer.

Ganz zu Unrecht ist unseres Erachtens diesem zweiten Absatz der Vorwurf der Kürze gemacht. Höchstens könnte man die Bestimmung als überflüssig tadeln, weil sie eines selbständigen rechtssätzlichen Inhalts entbehrt und nichts als eine juristisch selbstverständliche Folge zum Ausdruck bringt.

Zuvörderst darf man sich über die Häufigkeit der Erscheinung der Sicherungsgrundschuld im Verkehr nicht täuschen. Der normale Vorgang, in dem die so genannte grundschuldmäßige Beleihung zur Erscheinung kommt, dürfte nicht der Fall der materiellen Dahrlehnsgabe

---

[1]) Friedlieb a. a. O. S. 61 flg.

[2]) Renaud, Theorie der Reallasten, S. 70.

und der Bestellung einer zur Sicherung des persönlichen Darlehnsvertragsrechts dienenden Grundschuld sein, sondern die Bestellung des reinen dinglichen Rechts Zwecks Verkaufs an den Grundschuldgläubiger und Kauf und Uebergabe des Briefs und des durch denselben repräsentirten Rechts gegen Zahlung eines Kaufgeldes. Auch gehört der Fall nicht hierher, wo die Grundschuld mit Rücksicht auf eine versprochene Darlehnsgabe bestellt wird, der Darlehnsvertrag demnächst geschlossen, indessen durch Hingabe und Annahme des Grundschuldbriefs in Zahlungs Statt sogleich erfüllt wird. Auch hier ist die Causa der Grundschuld, der objektive Grund ihrer Entstehung, durch Hingabe des Briefs faktisch und juristisch erledigt.

Indessen können die Kontrahenten, zwischen denen ein Darlehnsvertragsverhältniß oder ein sonstiges im materiellen Civilrecht oder im Formalobligationensystem begründetes Obligationsverhältniß bereits besteht oder bei Hingabe des Briefs durch Abschluß des materiellen oder abstrakten obligatorischen Vertrages begründet wird, oder endlich bei Hingabe des Briefs von der Zukunft erwartet wird, verabreden, daß die Grundschuld zur Sicherung dieses bereits entstandenen, gleichzeitig entstehenden oder erst erwarteten Vertragsverhältnisses dienen soll. In derselben Weise können Besteller und Nehmer der Grundschuld eine entstandene, entstehende oder erwartete Forderung des Nehmers an einen Dritten durch die Grundschuld sichern. In allen diesen Richtungen kann die Grundschuld, was freilich im Gesetz nicht vorgesehen ist, auch zur Sicherung eines anderen dinglichen Rechts bestellt werden.

Dient die Grundschuld also zur Sicherung einer Obligation, dann lautet auch ihre Eintragung nach unserem Gesetz:

xM Grundschuld mit y Zinsen seit dato in gewissen Raten verzinslich, zahlbar im terminus ad quem oder gegen gewisse Kündigungsfrist für den Gläubiger eingetragen sub dato.

Aus dieser Betrachtung der Eintragung, welche im Brief nur mobilisirt wird, ergiebt sich ohne Weiteres, daß auch hier die Grundschuld von ihrem faktischen Rechtsbestand gelöst ist, daß sie auch hier ein abstraktes, reines dingliches Recht ist, daß sie auch hier, wiewohl mit Rücksicht auf ein obligatorisches Recht entstanden und zu dessen Sicherung bestimmt, in sich aus rein voluntarem Grund erwachsen ist. Auch hier besteht die volle Freiheit und Unabhängigkeit des dinglichen Rechts von seinem Bestimmungsgrund, nur daß der Bestimmungsgrund materiell nicht erledigt, juristisch zurückgestellt und also konservirt ist. Der Gläubiger hat mithin zwei Rechte: das persönliche Recht gegen den persönlichen Schuldner aus dem materiellen oder formellen Obligationsverhältniß und das abstrakte dingliche Recht auf die y nummi ex fundo und das denselben korrespondirende Stammkapital x[1]).

Es ist selbstverständlich, daß der Gläubiger von seinem formell unbeschränkten dinglichen Formalrecht den entsprechenden Gebrauch machen kann. Er kann die Grundschuld nach Inhalt seines Briefs kündigen oder sogleich zu der im Brief normirten Fälligkeitszeit einziehen und einklagen. Seine Sicherheit besteht eben darin, daß ihm ein abstraktes Recht nach den Maßgaben der über dasselbe lautenden Skriptur konstituirt ist. Der Zweck der Sicherungsgrundschuld würde nicht erreicht werden, wenn die Grundschuld nicht ohne Substantiirung und ohne Beweis der Forderung, deren Sicherung sie dient, eingeklagt werden könnte. Die bloße Rücksicht auf die Belegung des Lokus im Grundbuch reicht zur Erklärung dieser Sicherung nicht aus. Dieser Rücksicht wäre durch Bewilligung der Eintragung einer Kaution oder einer Vormerkung ausreichend gedient. Für das Grundschuldrecht ist eben nicht die Bestimmung der Grundschuld, nicht das der Grundschuld zu Grunde liegende obligatorische Rechtsverhältniß, sondern lediglich der Inhalt des

---

[1]) Beiläufig sei erwähnt, daß den Römern die reditus fundi als Inhalt von Rechten nichts Unbekanntes sind. Titia herede Seja scripta usumfructum fundi Maevio legavit, ejusque fidei commisit in haec verba: A te, Maevi, ex reditu fundi Speratiani praestari volo Arrio Pamphilo et Arrio Sticho ex die mortis meae annuos sexcentos quotannis, quoad vivent. fr. 19 D de ann. leg. et fideic. 33, 1, vgl. fr. 12, 20, 21 eod. fr. 17, 25 D de usu et usufr. 33, 2. Giebt man zu, daß es civilistisch gleich möglich ist, ein Recht, dessen Gegenstand eine Sache oder die aus Früchten und Substanztheilen der Sache originirende Bodenrente ist, als Inhalt einer Obligation und als Inhalt eines dinglichen Rechts zu denken; und man wird das zugeben müssen, wenn man den römischen obligatorischen Vertrag (stipulatio) über die Gewährung der Ausübung der Servituten (Gajus, II, § 31, vgl. Windscheid, Pand. § 212 Anm. 1) betrachtet, wenn man erwägt, daß es zunächst das prätorische Edikt gewesen, welches mit gewissen Vermiethungen und Verpachtungen die Wirkung eines dinglichen Rechts verband, (Arndt's Pand. § 195), daß die superfiziarischen und emphyteutischen Befugnisse sich sehr wohl als Inhalt einer Forderung gegen den Eigenthümer denken lassen (Puchta, Inst. 6. Aufl. II, S. 594), daß andererseits Miethe und Pacht ganz allgemein wie der Nießbrauch als dingliches Recht, wie das preußische Landrecht es thut, gefaßt werden kann, dann sind es nur verschiedene Rechtsstandpunkte, von denen aus man die sexcenti sestertii ex reditu fundi Speratiani entweder als mittelbares Objekt einer Obligation zwischen Legatar und Erben oder als unmittelbares Objekts eines dinglichen Grundschuldrechts betrachtet. Dann ist die Entscheidung des fr. 81 § 1 D de contr. empt. 18, 1, an welche die Alten ihre Reallasttheorieen anknüpften (Duncker, Die Lehre von den Reallasten, S. 7) die Folge eines Rechtsstandpunkts, nicht der Zwang eines civilistischen Imperativs.

Briefs, die skripturmäßige Fixirung des Rechts maßgebend. Es ist das das von Kuntze so genannte Gesetz der Korrespondabilität[1]) zwischen Skriptur und Recht. Die Eintragung in das Grundbuch ist Entstehungsmittel des Grundschuldrechts. Daraus folgt, daß nicht gewollt, was nicht eingetragen ist. In dieser Sicherung, daß der Gläubiger sich spätestens bei Verfall des Grundschuldbriefs oder zu der Zeit, wo er die Grundschuld nach seinem Belieben durch Kündigung zum Verfall gebracht hat, in den Besitz der verschriebenen Kapitalssumme setzt, findet man auch garnichts Exorbitantes, wenn man von dem einfachsten und sichersten Modus der Kaution: der Hingabe von baarem Geld an den Gläubiger ausgeht. In diese einfache Rechtslage findet man sich nie, wenn man unter dem Eindruck der äußeren Anordnung des Gesetzes die Vorstellung einer Verpfändung des Grundstücks oder des dinglichen Rechts in die Sicherungsgrundschuld hineinträgt, statt das Prinzip derselben anderwärts im weiten System der Deckungsgeschäfte zu suchen. Eine auf den Namen des Gläubigers gestellte und demselben zur Sicherung seiner Obligation in dem Brief übergebene Grundschuld kann, abgesehen davon, daß ein Verpfändungswille in keiner Weise zur Aeußerung gekommen ist, schon darum nicht als verpfändet gelten, weil ein jedes Pfandobjekt im Vermögen des Verpfänders bleibt, hier aber die Grundschuld aus dem Vermögen des Grundeigners ausgeschieden ist. Natürlich kann die Grundschuld wie jedes andere dingliche Recht verpfändet werden[2]). Natürlich kann auch der Grundeigner eine auf seinen Namen gestellte Grundschuld verpfänden — mit und ohne Blanko-Abtretung[3]). Die Sicherungsgrundschuld repräsentirt aber keine Verpfändung.

Auf der anderen Seite wird der Konstituent der Sicherungsgrundschuld seiner Rechte aus dem unerledigten faktischen Rechtsbestand nicht verlustig. Er hat die Kondiktion, soweit er gezahlt hat, der Sicherungsgrund aber erloschen ist. Er hat vor erfolgter Zahlung die Kondiktion auf Rückgabe des Rechts, wofern der Kautionsgrund erloschen, beziehungsweise der Nichteintritt des Kautionsfalls festgestellt ist. Er hat die Exzeptio, wofern unter den Kontrahenten abgehandelt ist, daß die Sicherung nur ein betagtes oder bedingtes Recht auf Beitreibung der

---

[1]) Lehre von den Inhaberpapieren, S. 289, 290. vgl. Entsch. des Reichs-Oberhandelsgerichts, Band 17, S. 70 flg.

[2]) § 84 G. B. O.

[3]) Die Hingabe eines in blanco abgetretenen Grundschuldbriefs zum Faustpfand involvirt eine eventuelle Uebertragung zur Geltendmachung für eigene Rechnung. Vgl. Entsch. des Reichs-Oberhandelsgerichts, Band 17, S. 156. Band 19, S. 131.

Kapitalssumme geben solle, oder daß diese Summe erst beigetrieben werden darf, wenn die zu sichernde Forderung existent geworden. Recht gegen Recht. Das formelle Recht des Grundschuldgläubigers bleibt in allen Fällen intakt, wird nur seiner Wirksamkeit durch ein entgegenstehendes Recht beraubt. Allseitig trifft also den Grundeigner dem formell begründeten Grundschuldbriefsanspruch gegenüber die Angriffs- und Beweislast.

Insbesondere gilt das auch für den Fall, wo zur Zeit der Bestellung der Sicherungsschuld noch nicht feststand, ob die Forderung für welche dieselbe haften soll, zur Existenz kommen werde. Auch hier hat der Besteller der Grundschuld dem Gläubiger das reine Recht eingeräumt, die Lösung des Kapitals zur bestimmten, beziehungsweise von ihm zu bestimmenden Zeit zu verlangen. Auch hier hat der Gläubiger das streng einseitige, urkundsprozeßmäßige Skripturrecht. Auch hier ist es Sache des Verpflichteten, die Einwendungen aus dem civilen Rechtsbestand zu substantiiren und zu beweisen.

Jetzt erhellt, warum die Bestimmung des zweiten Absatzes des § 52 Eig. Ges. als überflüssig bezeichnet werden durfte. Die Grundschuld ist dem Gläubiger zur Sicherung seiner Forderung gegeben. Diese Bestimmung hat keinen anderen Sinn als den, daß der Gläubiger sich aus der Grundschuld wegen seiner Forderung bezahlt mache und nur den durch die Realisirung des Briefs sich etwa ergebenden Ueberschuß an den Besteller der Grundschuld herausgebe. Diese Realisirung kann geschehen durch Einziehung der Grundschuldsumme vom Grundeigner, sie kann geschehen durch Abtretung der Grundschuld, welche ebenfalls die Sicherungscausa erledigt. Es ist nicht erforderlich, daß der Gläubiger gerade durch den Schuldner erhält, was er zu fordern hat. Auch dann ist die Forderung getilgt, wenn der Gläubiger sich den Inhalt derselben auf Grund seines Pfandrechts oder eines zur Realisirung der Forderung bestellten selbständigen dinglichen Rechts selbst verschafft hat. Auch dann ist die Forderung getilgt, wenn der Pfandgläubiger den Kaufpreis für die verpfändete Sache erlassen hat, auch dann also, wenn der Gläubiger das Sicherungsrecht, die Grundschuld, unentgeldlich abgetreten hat.

Pomponius in fr. 26 D de solut. 46, 3:

Si creditor fundum pignoratitium vendiderit et, quantum ei debebatur, receperit, debitor liberabitur. Sed etsi acceptum emptori tulisset creditor, vel ab eo stipulatus esset, debitor nihilominus liberatur. Sed si servus pignoratus a creditore venierit, quamdiu redhiberi possit, non liberatur debitor, sicut in quolibet pignore vendito, quamdiu res inempta fieri possit.

Paulus in fr. 61 D eod:

In perpetuum quotiens id, quod tibi debeam, ad te pervenit et tibi nihil absit, neo quod solutum est, repeti possit, competit liberatio.

Diese Auffassung der Sicherungsgrundschuld ist nicht cerebrin, sondern im Wesentlichen praktisches Recht; denn sie beruht auf den Grundsätzen, welche das Reichs-Oberhandelsgericht für den analogen Fall, wo das abstrakte Wechselrecht zur Sicherung einer Obligation bestellt worden, ausgearbeitet hat[1]). Die Gegner, welche die Sicherungsgrundschuld als ein unselbständiges, accessorisches Recht darstellen, welche sie abhängig sehen von der Giltigkeit des zu sichernden Rechts und demgemäß bei der Ungiltigkeit oder Aufhebung der zu sichernden Obligation für ein Scheinrecht erklären, wiewohl die Form dieses Formalrechts dieselbe ist, wie die jeder anderen Grundschuld, wiewohl die rechtlichen Verfügungen über das angebliche Hauptrecht diese Zubehörung nicht ergreifen, wiewohl dieselbe keineswegs zum bleibenden Dienst jenes Rechts bestimmt, vielmehr auf ihren voluntaren Grund selbständig stabilirt ist wie jede andere Grundschuld und nach der ausdrücklichen Erklärung des Gesetzes durch die Abtretung aus ihrem temporairen Dienstverhältniß ausscheidet; diese Gegner sind es gerade, welche die Analogieen des Wechselrechts als Schlüssel für die ganze Theorie der Grundschuld erheben, diese Analogieen aber verleugnen, wo dieselben praktische Konsequenzen ergeben. Zu solcher Auffassung kann man nicht gelangen, wenn man das Urbild solcher Sicherungsgeschäfte, die römische so genannte accessorische Stipulation vor Augen behält. Auch diese Stipulation begründet ein selbständiges, von seiner Causa unabhängiges Recht, dessen Wirksamkeit dadurch nicht geschwächt ist, daß es die Klage aus dem faktischen Rechtsbestand neben sich duldet[2]).

Anderenfalls wäre auch schon äußerlich die Publizität eines accessorischen Rechts, dessen Hauptrecht nicht publizirt ist, auch bei der Abtretung nicht einmal dem Erwerber publizirt wird, eine entschiedene Inkonsequenz.

---

[1]) Erk. v. 28. Juni, 6. September 1872, Stegemann, Rechtsprechung des Oberhandelsgerichts, Band 7, S. 350—356, 9. und 19. Mai 1874, Entsch. Band 13 S. 236 flg. 412 flg. 4. Februar 1875, 16, S. 102 flg. 22. Mai 1875, 17, S. 281 flg. 15. Dezember 1875, 19, S. 130 flg.

[2]) Bähr, Anerkennung, 2. Aufl. §§ 13, 26. vgl. Lotmar, Ueber Causa im römischen Recht, S. 46 flg. Spaltenstein, das spezifisch juristische Geschäft im römischen Obligationenrecht, S. 44 flg.

Der Begriff der Formalisirung des dinglichen Rechts führt schließlich auf ein interessantes und in seiner civilistischen Bedeutung u. E. noch nicht ausreichend gewürdigtes Phänomen: die Novation des dinglichen Rechts, das heißt die Vernichtung eines materiellen dinglichen Rechts mittelst Verwandlung in ein dingliches Formalrecht.

§ 29 Eig. Ges. lautet: Eine Hypothek kann auf Antrag des Eigenthümers und des Gläubigers in eine Grundschuld umgewandelt werden, wenn diejenigen in der zweiten und dritten Abtheilung gleich- und nacheingetragenen Berechtigten einwilligen, welche vor dem Tage, an welchem dieses Gesetz in Kraft tritt, eingetragen sind.

Diese Zustimmung der gleich- und nacheingetragenen Gläubiger, welche bei dem Erwerb ihrer Posten auf eine Formalisirung der vorstehenden Hypotheken nicht haben rechnen können, ist nothwendig nicht nur darum, weil diese Gläubiger ihr Anfechtungsrecht nach § 40 Eig. Ges. verlieren, sondern auch darum, weil ihre Realsicherheit durch die Lockerung der kumulativen persönlichen Haft des Konstituenten der Hypothek bei der Novation derselben und die Möglichkeit, daß demnächst die Grundschuld, in welche die Hypothek umgewandelt ist, ohne den persönlichen Anspruch abgetreten wird, letzterer also erlischt, verschlechtert werden kann.

Unmöglich kann man aus dieser ratio utilitatis folgern, daß der umgekehrte Fall, die Verwandlung einer Grundschuld in eine Hypothek zulässig ist. Selbst die bloßen Utilitätsrücksichten gestatten diese Verwandlung nicht. Der gleich- und nacheingetragene Gläubiger, der bei prompter Zinszahlung auf eine Werthserhöhung des belasteten Grundstücks rechnen kann, in einer sofortigen Zwangsversteigerung aber Ausfall zu befürchten hat, kann durch die bloße Verminderung der Negoziabilität der voreingetragenen Post, wie sie die Grundschuld bei ihrer Verwandlung in eine Hypothek erleiden würde, erheblich geschädigt werden.

Solche Umwandlung ist juristisch unmöglich.

Liegt der Grundschuld eine persönliche Obligation überhaupt zu Grunde, so kann dieselbe allerdings von den Interessenten anerkannt und dadurch der Schuldgrund für die zu schaffende Hypothek hergestellt werden. Anders, wo der Grundschuld eine persönliche Verbindlichkeit überhaupt nicht unterliegt, beziehungsweise die Causa der Grundschuld durch Hingabe des Grundschuldbriefs faktisch und juristisch erledigt ist. Da wären nur zwei Wege offen, entweder einen beliebigen Schuldgrund zu erfinden und von den Interessenten simuliren zu lassen oder von dem Grundeigner ein abstraktes Zahlungsversprechen in Höhe der Grundschuldsumme aufzunehmen und dieses als Schuldgrund der Hypothek zu behandeln.

Der erste Weg verbietet sich von selbst, wiewohl er in einer Anleitung zur Bearbeitung der Grundbuchsachen vorgeschlagen ist, indem dort die Grundschuld einfach in eine Hypothek über ein Darlehn umgeschrieben wird. Warum gerade der Darlehnsschuldgrund gewählt ist, ist selbst für sich nicht abzusehen. Es läßt sich billig zweifeln, ob nur die Mehrzahl der Fälle, wo Grundstücke mit Kapitalien beliehen werden, einfache Darlehnsgaben der verschriebenen Summen darstellen[1]).

Der zweite Weg, einen reinen Vertrag über die persönliche Verpflichtung der Zahlung der Grundschuldsumme aufzunehmen, wird dadurch verschlossen, daß das positive preußische Recht dem reinen Verpflichtungswillen für sich allgemein keine rechtserzeugende Kraft beilegt, sondern, abgesehen von besonderen und allgemeinen Ausnahmen, nur dem durch spezielle Causa substantiirten Rechtswillen.

Die ganze Frage, welche garnicht aufzuwerfen ist, wenn man den umgekehrten Vorgang in seinem Novationskarakter erfaßt, dürfte nicht sehr praktisch geworden sein, während die Novation der Hypothek durch Verwandlung in eine Grundschuld täglich praktischer werden wird, je mehr die Grundschuld zur Herrschaft auf dem Hypothekenmarkt gelangt. Das bürgerliche Gesetzbuch für Deutschland wird mit der bereits erklärten Beseitigung der unglücklichen Duplizität der Grundstücksbelastungen diese Verwandlungen unzweifelhaft in Fluß bringen.

Recht eigentlich veranschaulicht die Umschreibung der Hypothek in eine Grundschuld die Einheitlichkeit des Novationsakts[2]): die Aufhebung des materiellen dinglichen Rechts durch Begründung des dinglichen Formalrechts. Aufhebung des materiellen Rechts und sofortige, immer aber sich erst zeitlich anschließende Begründung des Formalrechts würde ja beim Aufrücken der unterstehenden Posten im Moment der Löschung der vorhergehenden Post auf demselben Lokus des Grundbuchs nur dann möglich sein, wenn keine Eintragungen folgen. Wie bei der Novation des Forderungsrechts[3]) ist das neue Recht nicht nur der Erscheinungsform, sondern auch der Substanz nach ein anderes; hier wie dort kann sich

---

[1]) Ueber die gewöhnlichen juristischen Komplikationen bei der Begründung von Kreditgeschäften siehe Bähr, Anerkennung, S. 271.

[2]) Die transfusio atque translatio, wie Ulpian sagt. Vgl. Kuntze, Obligation und Singularsuccession, S. 245.

[3]) Vgl. Windscheid, Pand. 4. Aufl. § 353, Förster, Theorie und Praxis, 2. Aufl. I, § 97.

das neue Recht von dem alten unterscheiden durch den Inhalt der Leistung (es giebt eine große Anzahl Hypotheken, welche keine Geldzahlungspflichten versichern, z. B. Bettwerke für Haustöchter bei einstigen Verheirathungen, Hochzeitsschmause, denen die Geldwerthe im Grundbuch beigeworfen zu werden pflegen), wie durch Nebenbestimmungen; hier wie dort wird das alte Recht zerstört durch Eintausch des neuen.

21. Die zwei Figuren der Abtretung.

Die Abtretung der Grundschuld, so ziehen wir die Konsequenz, ist Abtretung eines dinglichen Rechts und also Singularsuccession im technischen Sinn, ein Rechtsübergang unbeschadet der Identität der Rechtssubstanz. Während wir historisch uns auf den Hinweis beschränken können, daß zur Uebertragung des Rentenrechts von einem Gläubiger auf den anderen häufig dieselbe Form erfordert worden, wie zur Entstehung des Rechts und aus dieser Thatsache der Auflassung des Rentenrechts zwecks Uebertragung mit Stobbe[1]) den Schluß ziehen, daß man nicht nur die Ausübung des Rechts, sondern das Recht selbst übertrug, müssen wir dogmatisch die Figur der Abtretung an zwei Begriffen entwickeln, welche für das preußische Recht wenigstens unbedingt gesichert erscheinen: dem Eigenthum einerseits und andererseits dem Besitz des dinglichen Rechts, als dem Gegensatz zwischen der vollen rechtlichen Anerkennung (§§ 79—81 G. B. O., zur Umschreibung der Grundschuld im Grundbuch ist die Voll-Abtretung erforderlich), und der thatsächlichen Geltung und relativen rechtlichen Anerkennung (§§ 54, 55 Eig. Ges., der Inhaber des in blanco abgetretenen Briefs hat das Recht der Abtretung und der dinglichen Klage).

Während die römischen Juristen nur gelegentlich und in offenbarer Anlehnung an den vulgären Sprachgebrauch[2]) von einem dominium ususfructus, dominium servitutis und sogar dominium proprietatis reden, statuirt das preußische Recht alles, was einen ausschließlichen Nutzen gewähren kann, als Gegenstand des Eigenthums. Wenn man schon um dieser Wortfassung des § 2 Tit. 8 Th. I. A. L. R. (vgl. zu § 1 ebenda § 3 Tit. 15) willen die Obligationen von den Objekten des Eigenthums ausschließt und den Ausdruck von Suarez, welcher als Gegenstände des Eigenthums außer den körperlichen Sachen Gerechtsame

---

[1]) Zeitschrift, für deutsches Recht, Band 19, S. 198.
[2]) Förster, Theorie und Praxis. 2. Aufl. III, S. 127.

bezeichnete, auf Gerechtigkeiten bezieht, so sind auch nach einer Reihe von speziellen Aussprüchen als Objekte des Eigenthums zu denken: das von Natur dingliche Gebrauchs- und Nutzungsrecht einer fremden Sache, die Grunddienstbarkeiten, Reallasten, Gewerbsberechtigungen u. a.[1]). Es ist im Besonderen nicht zweifelhaft, daß der Erwerb des dinglichen Rechts nach dem System des preußischen Landrechts Eigenthumserwerb an diesem Recht ist.

Nun ist es unzweifelhaft ebensowohl denkbar, den Verkehr des dinglichen Rechts auf den Besitz zu stellen, wie auf das Eigenthum. Läßt sich doch sogar, wir beziehen uns auf die Autorität Ihering's[2]), sehr wohl ein allgemeiner Rechtszustand denken, der lediglich auf den Besitz gestellt ist. Ist beides richtig, dann hindert die Logik gewiß nicht, ein und dasselbe dingliche Recht im Verkehr unter bestimmten Formen auf das Eigenthum zu stellen und unter anderen bestimmten Formen, während das Eigenthum im Zustand der Pendenz sich befindet, auf den Besitz.

Die Abtretung der Grundschuld an einen bestimmten Nehmer ist die Abtretung des Eigenthums an diesen. Die Blanko-Abtretung ist eine Abtretungsofferte an einen unbekannten Dritten mit der doppelten Wirkung, daß das Eigenthum an dem dinglichen Recht der Grundschuld in den Stand der Pendenz geräth, und das Recht der Grundschuld bis zur Acceptation jener Offerte, welche sich durch die Ausfüllung der Blanko-Abtretung durch den Namen des Acceptanten vollzieht, auf den Besitz gestellt wird.

Mag immerhin die Beziehung eines Vertragsverhältnisses auf unbestimmte Personen außerhalb der Natur und des Zwecks der römischrechtlichen Obligationen liegen, das Reichsoberhandelsgericht[3]) bezeichnet diese Grenze, deren Richtigkeit es dahingestellt bleiben läßt, als eine Beschränkung des Obligationsbegriffs, über welche sich ein unzweifelhaftes Gewohnheitsrecht und das moderne Rechtsbewußtsein wenigstens bei der Emission von Inhaberpapieren hinweggesetzt habe. Begrenzt und erweitert man diese Thesis dahin, daß es nicht nothwendig ist, daß der Vertragsschließende den andern Kontrahenten als bestimmte physische Person vor Augen und im Sinn hat, daß es genügt, wenn die Indi-

---

[1]) Förster, Theorie und Praxis, III, S. 138.

[2]) Beiträge zur Lehre vom Besitz, S. 46, vgl. die klassischen Ausführungen Bähr's über den Besitz als die letzte thatsächliche Grundlage des Eigenthums und des gesammten Sachenrechts. S. 59 flg. der Kritik des Entwurfs.

[3]) Entsch. Band 17, S. 151.

vidualität desselben in der Zukunft erkennbar wird, so läßt sich wenigstens die Analogie der letztwilligen Honorirung einer incerta persona, welche auch erst allmählich sich Anerkennung errang, nicht wohl abweisen. Genügt es doch auch beim Eigenthumserwerb durch Stellvertreter, daß der an den Stellvertreter tradirende Herr Eigenthum übertragen will, ohne daß dazu eine bestimmte Willensrichtung auf die Person des repräsentirten Erwerbers gehört[1]). Das Reichs-Oberhandelsgericht verwirft bei der Blanko-Cession der Mecklenburgischen Hypothekenscheine ausdrücklich die Annahme einer Cession an den Inhaber[2]), erklärt jene vielmehr als eine Cessions-Offerte an denjenigen zur Zeit noch unbekannten Dritten, welcher mit der auch nur mittelbaren Ermächtigung des Cedenten in die Cessionsurkunde als Cessionar eingetragen werde. So lange diese Eintragung des Namens des Cessionars in die Cessions-Urkunde nicht erfolgt, liege ein perfektes Rechtsgeschäft, eine fertige Cession nicht vor; diese komme erst dadurch, daß der Name des Cessionars von einem dazu Legitimirten eingeschrieben werde, zwischen dem Blanko-Cedenten und dem eingeschriebenen Cessionar zum Abschluß[3]).

Der Abtretungsvertrag steht zwischen der Vollendung der Niederschrift der Blanko-Abtretung und der demnächstigen Ausfüllung der Namenslücke im Stadium der Bildung. Das erste Bildungsmoment ist durch die bloße Niederschrift der Blanko-Abtretung gebunden. Die also fixirte Aussicht auf das künftige Rechtsverhältniß geht auf den Erben vermöge dieser stückweisen Befestigung des Rechtsverhältnisses über, gleichgiltig, ob der Erblasser, welcher die Blanko-Abtretung geschrieben hat, den Grundschuldbrief mit derselben dem Nehmer gegeben hat, oder ob der Erbe den Brief mit der vom Erblasser geschriebenen Blanko-Abtretung dem Nehmer giebt[4]).

Wie das Eigenthum an der Grundschuld, wie oben ausgeführt, ein

---

[1]) Vgl. Entsch. des Reichs-Oberhandelsgerichts, Band 18, S. 184.

[2]) A schreibt die Blankoabtretung, giebt den Brief an B, B giebt den Brief an C, C füllt die Blankoabtretung durch seinen Namen aus. Liegt eine „ausnahmsweise" giltige mündliche Cession des A an B vor, dann ist die Beurkundung der Abtretung des A an C, die C durch die Ausfüllung der Abtretung mit seinem Namen perfizirt, ein falsum. Ebenso undenkbar ist „ein mit einem unbekannten Kreise von Personen geschlossenes obligatorisches Verhältniß," eine Generalzusage an das „Publikum," eine Verpflichtung gegen ein „Rechtssubjekt in abstracto."

[3]) Entsch. Band 19, S. 388. — Vgl. v. Savigny, Obligationenrecht, 2, S. 123.

[4]) Vgl. Windscheid, Pand. § 307 Anm. 9, Behrend in seiner und Dahn's Zeitschrift, Band 8, S. 191, Köppen, der obligatorische Vertrag unter Abwesenden S. 169 flg. Art. 297 Hand. Ges. Buchs.

formelles Recht ist, so fassen wir die Abtretung der Grundschuld als einen formellen Eigenthums-Uebertragungsvertrag, also, daß sowohl bei der Abtretung an einen bestimmten Successor wie bei der Abtretung an den unbestimmten Successor und bei der demnächstigen Acceptation durch Ausfüllung der Abtretung von der Causa der Abtretung abstrahirt und darum die zum materiellen Eigenthumsvertrag erforderliche gewöhnliche Tradition und die Doktrin von titulus und modus adquirendi hier ausgeschlossen[1]) ist.

Unzweifelhaft giebt der in blanco Abtretende mit der Aushändigung des Briefs sein Eigenthum an der Grundschuld auf. Unzweifelhaft succedirt der die Abtretung ausfüllende Inhaber in das Eigenthum des Blankoabtretenden. Zwischen beiden Momenten können Jahre dazwischenliegen. Wo bleibt das Eigenthum in dieser Zwischenzeit?

Wenn wir den Zustand desselben als den der Pendenz bezeichnen, so finden wir eine Analogie für diesen Stand in der Pendenz des Grundstücks-Eigenthums von der Auflassung bis zu der Eintragung des neuen Eigenthums, welche das Grundstück für alle Grundbuchgeschäfte außer Kommerz setzt[2]). Das Eigenthum besteht hier wie da, nur ohne Subjekt[3]) oder wenn das etwas Anderes und Richtigeres ist, auf dem Wege vom Subjekt zum Subjekt.

---

[1]) Kuntze, Inhaberpapiere, S. 497, Anm. 4.

[2]) Ein Appellationsgericht hat allerdings gefunden, daß einer Requisition des Prozeßrichters um Eintragung einer Hypothek gegen den eingetragenen Eigenthümer auch dann stattzugeben, wenn zur Zeit ihres Eingangs das Grundstück zwar bereits einem Dritten aufgelassen, dieser aber noch nicht als Eigenthümer eingetragen ist. Dieser Beschluß hat S. 145. flg. des 6. Bandes von Johow's Archiv eine u. E. völlig zutreffende Kritik erfahren. Die durch Wächters Abhandlung über das schwebende Eigenthum ihrer Zahl nach reduzirten Analogieen der römischen Pendenz materiellen Eigenthums sind entfernter, indessen immer noch zutreffend, wenn man mit Dernburg und Hinrichs (Hypothekenrecht, I, S. 285) den Grundbuchrichter das Recht einräumt, trotz Entgegennahme der Auflassung die Eintragung des Eigenthums demnächst abzulehnen. Nach Wächter bleiben wenigstens zwei Fälle römischer Pendenz bestehen: die Pendenz des Eigenthums an der vom Sklaven auf Kredit gekauften und übergeben erhaltenen Sache zwischen dem Eigenthümer und dem Nießbraucher oder redlichen Besitzer des Sklaven und die Pendenz des Eigenthums an dem Pekulium des mit Hinterlassung eines giltigen Testaments verstorbenen Sohnes zwischen dem Vater des Testators und den eingesetzten Erben bis zur Erklärung derselben über die Annahme der Erbschaft. In allen Fällen echter Pendenz ist das Eigenthum selbst objektiv ein schwebendes, die Eigenthumsfrage unentschieden und unentscheidbar, so daß die betreffende Sache zeitweilig keinen bestimmbaren Eigenthümer hat. Wächter a. a. O. S. 5, 9, 23.

[3]) Daß Rechte ohne eine Person bestehen können, daß dem Recht das Subjekt

Während dieses Schwebezustandes, der beim Grundstückseigenthum sehr wider die Intention des Gesetzes in Folge von ordnungswidrigen Zufällen thatsächlich hier und da Monate lang gedauert hat, ist die Grundschuld wie das Grundstück Gegenstand des Besitzes. Der Besitz ist während dieser Pendenz die denkbar höchste Herrschaft über die Grundschuld wie über das Grundstück. Der Besitzer des Grundschuldrechts wird dem Eigenthümer des Grundstücks gegenüber wie der Eigenthümer des Grundschuldrechts behandelt. Und das ohne alle rechtliche Schwierigkeit, weil der Besitz des Rechts auf einen Theil einer fremden Bodenrente und damit der Besitz des obligatorischen Anspruchs gegen den Grundstückseigner für das Verhältniß eines Grundschuldgläubigers ausreicht, und dieses Verhältniß äußerlich dadurch gehalten wird, daß die Blanko-Abtretung neben der Bedeutung der Offerte des Eigenthumsübertragungsvertrages die Bedeutung einer Signatur der Besitzkursfähigkeit enthält.

Eine Succession in den Besitz giebt es nicht. Eine Succession kann nur da anerkannt werden, wo zwischen dem Vorgänger und dem Nachfolger eine juristische Beziehung stattfindet, wo der Nachfolger kraft eines juristischen Verhältnisses zu dem Vormann an dessen Stelle tritt. Der Successor des Blankoabtretenden ist also derjenige Nachmann, welcher die Blankoabtretung ausfüllt und dadurch den formellen Eigenthumsübertragungsvertrag zum Abschluß bringt.

Das Gesetz spricht allerdings konsequent von einer Abtretung der Grundschuld und bezeichnet sogar an der Stelle, wo es den Fall behandelt, daß eine zur Sicherung eines persönlichen Rechts dienende Grundschuld ohne den persönlichen Anspruch abgetreten wird, die Abtretung der Grundschuld und die Abtretung des persönlichen Anspruchs ungesondert mit demselben Wort. Indessen ist auf diese Terminologie nicht zuviel Gewicht zu legen. Selbst die Variirung des Ausdrucks da, wo das Gesetz von einer Uebertragung der Grundschuld des Eigenthümers handelt, schwächt sich wieder darin ab, daß ein Legalformular von einer Abtretung der Grundschuld des Eigenthümers handelt, und hier der Gedanke einer Cession einer Forderung kurzweg abgewiesen werden muß. Der Ausdruck Abtretung ist noch immer kein technischer. Das preußische Landrecht spricht in der Definition des Kaufs von einer Ab-

überhaupt nicht wesentlich sei, daß die vom Recht anerkannte Willensherrschaft die Substanz, die Person das Accidenz sei, ist in der Neuzeit mehrfach behauptet und sogar als eine Konsequenz von Savigny'scher Ansichten dargestellt. Vergl. den Anhang zu Windscheid's Actio.

tretung des Eigenthums einer Sache, und bei den Rechts-Schriftstellern umfaßt der Ausdruck häufig Cession (das mandatum ad agendum) und Singularsuccession.

Das Gesetz hindert also nicht, die Abtretung der Grundschuld als eine Singularsuccession in das dingliche Recht zu fassen, welches unbeschadet seiner Identität in der Hand des Erwerbers, wie in der Hand des Abtretenden selbständig mit seinem obligatorischen Apparat funktionirt. Würde jemand einmal präcise die obligatorischen Ansprüche cediren, ohne das dingliche Recht zu erwähnen, so würde diese Cession immer erst mit der Uebergabe des Briefs rechtseffektiv werden, und mit derselben das dingliche Recht singularsuccessiv übergehen.

Ist das richtig, dann ist das sehr wichtig, weil, wie wir glauben, allein der Begriff der Singularsuccession den rigor hypothecarius: die Beschränkung der Einreden ausreichend erklärt.

Diese Beschränkung läßt sich nicht, wie bei den Inhaberpapieren[1]), daraus erklären, daß die von den Rechten der Auktoren unabhängige Thatsache des Besitzes dem Besitzer die Befugniß giebt, das Recht gegen den Schuldner zu verfolgen; denn die Einreden sind gleichmäßig beschränkt bei dem in blanco wie bei dem in Voll abgetretenen Grundschuldbrief. Der Mangel der causa specialis entscheidet für sich allein auch nichts; denn bei der Cession des Wechselrechts, wo Cessionarius das Formalrecht des Cedenten für sich geltend macht, treten die Einreden vollständig auf[2]).

Nur darum, weil jeder Erwerber der Grundschuld singularsuccessiv, das heißt zu eigenem Recht, in die Theilnehmerschaft an der Grundrente eintritt, weil jeder Briefsinhaber kraft eigenen, selbständigen formellen Rechts auftritt, kann der Grundeigner sich nicht durch Einreden, welche aus der Person der Vormänner hergenommen sind, schützen. Und wenn das Gesetz Einreden auch soweit für zulässig erklärt, als die Thatsachen, auf welche sich dieselben gründen, dem Kläger beim Erwerb der Grundschuld bekannt gewesen sind, wenn solche Einreden auch mit Einreden aus dem faktischen Rechtsbestand der Grundschuld (wie wir uns im Anschluß an Paulus in fr. 27 § 2 D de pactis, 2, 14 ausdrücken durften) eine materiell gemeinschaftliche Grundlage haben können, so ist es doch klar, das diese Einreden nur darum zugelassen sind, weil sie den Grundschuldgläubiger durch seine Kenntniß von dem faktischen Rechtsbestand in bösen Glauben bringen.

---

[1]) Bekker, die Geldpapiere, S 293.

[2]) Hartmann, Wechselrecht, S. 525.

22. Vergleich des Grundschuldbriefs mit dem Inhaberpapier.

Man hat dem in blanco abgetretenen Grundschuldbrief die Eigenschaft eines Inhaberpapiers vindizirt. In der That scheint allgemein ein entschiedener Zug der Dogmatik zu konstatiren zu sein, Ordre- und Inhaberpapiere unter gemeinsame Gesichtspunkte zu bringen. Dennoch kann jene Klassifikation nur mit mehrfachen Reserven angenommen werden. Die Theorie der Inhaberpapiere selbst wird immer klarer, je fester man die Kreise der verschiedenen Inhaberpapiere bezirkt[1]).

Wechsel und Inhaberpapiere bewegen sich auf demselben Gebiet, dem die römische Stipulation angehört; in der Grundschuld lebt der Gedanke des Rentenkaufs. Beim Inhaberpapier stehen als Schuldner Personen in einem eigentlichen obligatorischen Bande. Die Schuldner sind als Personen, physische oder juristische, von Anfang an so fest bestimmt und so fest als Personen gebunden, wie dieses bei Kontrahirung eigentlicher Obligationen nur irgend der Fall. Anders die Leistungspflichtigen der Grundschuld. Wer der Gläubiger des Inhaberpapiers bis zur Präsentation ist, darüber kann beim Inhaberpapier, nicht bei der Grundschuld, die von vornherein nur für den bestimmten Gläubiger kreirt werden kann, gestritten werden. Ob man vor der Präsentation eine Inhaberpapierobligation annimmt oder nicht, scheint sogar ohne Einfluß. Um das Papier zu verkaufen und zu verpfänden, dazu wenigstens ist die Annahme einer bereits vorhandenen Obligation nicht erforderlich.

Der Grundschuldbrief ist die Verkehrsmaschinerie eines primitiv dinglichen Rechts, für dessen Entstehung die Eintragung nicht die causa efficiens, sondern die conditio sine qua non ist, das Inhaberpapier der Träger des abstrakten persönlichen Verpflichtungswillens, der Träger eines selbständigen Versprechens, das in der Skriptur seinen mehr oder minder ausführlichen Ausdruck findet. Beim Inhaberpapier ist die Nehmung der Perfektionsakt, beim Grundschuldbrief das Komplement der Verfügungsfähigkeit über das dem Nehmer bereits entstandene dingliche Recht. Dort ist die Einlösung das retroactum, hier die Löschung. Nicht das Nomen, sondern das Inhaberpapier wird bei der Uebertragung als Sache oder Waare verkauft. Die Abtretung der Grundschuld, welche die Singularsuccession in das dingliche Recht bewirkt, ist die allgemeine Vertragsform der Uebertragung des Eigenthums an einem

[1]) Stegemann, Rechtsprechung des Oberhandelsgerichts, 8, S. 379.

dinglichen Recht, nur daß mit einer zeitweilig unbestimmten, in der Zukunft individuell erkennbaren Person kontrahirt und von der Causa der Uebertragung abstrahirt wird. Das Recht des Inhabers des Grundschuldbriefs, die Abtretung durch einen Namen auszufüllen, setzt wortdeutlich, wiewohl die Motive[1]) auch hier einmal irre führen, die Vorverhandlungen sogar von einem Indossament sprechen, voraus, daß die Abtretungserklärung in ihrem Kontext bis auf die Namenslücke ausgeschrieben ist. Will man nicht etwa den Kontext für leeren Formalismus erklären, dann kann er nur den Unterschied dieser Rechtsübertragung von einem Indossament verdeutlichen. Ist ferner die Valuta eines Darlehns in Aktien, Pfandbriefen oder anderen an jeden Inhaber zahlbaren Papieren gegeben, so muß die Rückzahlung nach der bekannten Bestimmung des preußischen Landrechts in Papieren von eben der Art erfolgen. Offenbar existiren nicht zwei Grundschuldbriefe von eben der Art[2]).

Weiter muß der redliche Besitz des eigentlichen Inhaberpapiers als definitives Eigenthum gelten. Es wäre übertriebene Subtilität, bei dem Geldpapier den Zustand des rechtlich geschützten gutgläubigen Erwerbers von dem des Eigenthümers unterscheiden zu wollen[3]). Bei der Grundschuld glaubten wir wenigstens beide Zustände strenge auseinanderhalten zu müssen und nicht dem Papier, sondern dem dinglichen Recht gegenüber. Die Geldpapiere sind untheilbar mit den an ihnen haftenden Forderungen, nicht die Grundschuldbriefe. Die Verschiedenheit des Grundschuldzinsbegriffs, wie wir ihn zu definiren versuchten, von dem Zinsbegriff[4]) bei Inhaberpapieren liegt auf der Hand.

Oekonomisch wenigstens ist auch die Massen-Emission kein zufälliges Kriterium der Inhaberpapiere. Ihr Verkehrsprinzip ist in ganz anderem Maße wie bei dem Grundschuldbrief die jederzeitige Negoziabilität, gegen welche die Frage der Realisirung beim Inhaberpapier vollständig zurücktritt.

---

[1]) Ausgabe von 1869, S. 67.

[2]) Ueber die Zulässigkeit einer besonderen Parteiabrede in dieser Richtung, vgl. Entsch. des Reichs-Oberhandelsgerichts, Band 20, S. 306.

[3]) Bekker, Geldpapiere, S. 381.

[4]) Ueber die rechtliche Natur der Coupons und Talons hat das Reichs-Oberhandelsgericht gesprochen. Entsch. Band 10, S. 213 flg., 313 flg.

23. Die Oekonomik der Grundschuld.

Es hat von Gerber[1]) den Realschulden von Meibom's gegenüber die rechtspolitische Ueberzeugung ausgesprochen, daß in diesem Institut kein gesundes Element zu finden sei, und hierzu hat Förster[2]) seine Zustimmung ausgesprochen mit dem Bemerken, daß bei der Reallast die aus dem dinglichen Recht entspringende Obligation eine unbedingte für den Besitzer sei, also daß er nicht nur mit dem Grundstück, sondern mit seinem ganzen Vermögen hafte — eine Distinktion, die für den Rentenkauf, der ebenfalls eine Reallast begründet, eine für unsere Betrachtungen fundamentale Einschränkung findet. von Gerber's rechtspolitische Bedenken würden in gleichem Maße unsere Grundschuld treffen, da von Gerber von der Ansicht ausgeht, daß der naturgemäße Karakter eines Schuldverhältnisses in der persönlichen Verpflichtung bestimmter Subjekte liegt, daß jede andere Form der Verbindung durch besondere und eigenthümliche Umstände gerechtfertigt werden muß, und daß das Prinzip der Realexekution beim Rentenkauf nur eine Folge des unentwickelten mittelalterlichen Schuldrechts überhaupt gewesen, daß dieses Prinzip aber einen ganz anderen Karakter erhalte, wenn man es unverändert auf unser modernes, auf völliger Ausbildung des Personalkredits ruhendes Obligationenrecht überträgt.

Muß man auch zugeben, daß die Reallast und insbesondere der Rentenkauf ein Erzeugniß der wirthschaftlichen Zustände des Mittelalters gewesen, und daß das Bedürfniß solcher Geschäfte sich theilweise aus der Mangelhaftigkeit des damaligen Personalkredits ergeben hat — die Klärung, Verselbständigung und Potenzirung des Realkredits, die das Prinzip des Rentenkaufs und der Grundschuld ergiebt, ist so entschieden, daß man von Gerber gegenüber wohl zu der Frage berechtigt ist, warum das moderne Recht nicht auch den Realkredit zu derselben Höhe und Schärfe der Ausbildung erheben soll, wie sie der Personalkredit längst gewonnen hat. Allerdings hat einmal ein französischer Jurist gegen das ganze neuere Hypothekenwesen den schweren Vorwurf erhoben, daß es die Seele allen Kredits, das persönliche Vertrauen in den Schatten stelle. Indessen gehören derartige Notizen, an die wir hier natürlich nur ganz beiläufig erinnert werden, heute zu Tage nur noch in Sammlungen nationalökonomischer Raritäten.

---

[1]) Jahrbücher, Band 6, S. 273.

[2]) Theorie und Praxis, Band III, S. 341.

Die Verkehrsbedeutung des Rentenkaufs dürfte kaum zu überschätzen sein. Die Zähigkeit, mit der das Institut sich gegen das andringende römische Recht und das kanonische Verbot der usuraria pravitas wehrte, ist ein historisches Zeugniß seiner geistigen Gesundheit. Duncker behauptet mit gutem Grunde einen sehr häufigen Gebrauch des Rentenkaufs noch im 16. Jahrhundert und zweifelt nicht, daß der Rentenkauf noch das 17. und 18. Jahrhundert hindurch in Uebung gewesen. In einem Göttinger Rathsbuch hat er unter 300 Rentenkaufsverbriefungen vom Jahre 1511 bis 1583 nicht eine hypothekarische Schuldforderung gefunden. Trützschler bezeugt, daß in vielen deutschen Provinzen, wo Gülten bei Konkursen in die erste Klasse gesetzt würden, die Rechnungsbeamten, Kirchenvorsteher, Administratoren milder Stiftungen angewiesen waren, nicht anders als gegen Wiederkäufe Kapitalien auszuleihen.

So lange für die Schulden eines Verstorbenen nur der Mobiliarnachlaß haftete, lag es allerdings nahe, die Haftung der Immobilien durch ein Rechtsgeschäft herbeizuführen. Die Schwierigkeit des Beweises der Forderung scheint mitgewirkt zu haben [1]). Außerdem konnte eine Hypothek durch eine privilegirte Hypothek entkräftet werden, die Forderungen der ersten Konkursklasse gingen derselben stets vor, der dritte Besitzer des Grundstücks hatte gegen die Hypothek die Einrede der Vorausklage (darauf macht Mevius ausdrücklich aufmerksam), und endlich hatte der Dahrlehnsgläubiger ein Recht der Kündigung. Eine Rente, bei der alles das nicht der Fall war, und die nicht einmal durch den Konkurs fällig wurde, überhob zudem den Geschäftsunkundigen der Mühe und Unsicherheit der Wiederbelegung, während andererseits die Steigerung der Sicherheit, welche in dem Zuspruch des Grundstücks lag, von einem neueren Nationalökonomen als die denkbarste Potenzirung des Realkredits bezeichnet wird. Partikularrechtlich war es sogar verboten, aus demselben Hause mehrere Renten zu versprechen, allgemein oder mit der Beschränkung der Einwilligung des ersten Renteners, da diesem bei der Nichtzahlung das ganze Haus zugesprochen, und seine Einwilligung als Versprechen der Zahlung der zweiten Rente nach dem Zuspruch des Hauses ausgelegt wurde. Anderwärts gestattete man es, das Grundstück mit einer zweiten Rente soweit zu belasten, als es mehr werth war, als die erste Rente, während wieder andere Rechte die mehreren Rentengläubiger allerdings gleichmäßig ohne Rücksicht auf das

---

[1]) Stobbe, Privatrecht, Band 2, S. 207.

Alter befriedigen ließen. Nicht zum Mindesten dürfte der Vortheil des rascheren Umsatzes der Rentenbriefe mitgewirkt haben, während andererseits auch die Zinsverbote als ein beiläufiges Motiv zur Ausbildung und Verbreitung des Rentenkaufs erscheinen. Wichtiger vielleicht als alles das war die allgemeine Verkehrsanschauung, nach welcher nur der Grundbesitz und die Theilhaberschaft an den Erträgen des Grundbesitzes als ein unvergängliches Vermögen galt. So anders die Züge des heutigen Verkehrs, so wenig ist die Bedeutung des reinen Realkredits für die Jetztzeit zu verkennen.

Es scheint nicht unnützlich, bei einer Erörterung der Prinzipien der Entwicklung des reinen Immobiliarkredits, welche wir als Emanzipation des Realkredits bezeichnen dürfen, das römische Immobiliarkreditrecht als Gegenbild im Auge zu halten, dasjenige System, welches den Accessionskarakter des Hypothekenrechts am Vollsten konservirt hat.

Man hat von einer Selbstvernichtung des Pfandrechts in der alten Welt gesprochen. Der Hauptgrund und die tiefere Ursache dieser Versumpfung des alten Rechts war freilich die Selbstvernichtung des römischen Grundeigenthums. Unheimliche Denkmale aus dieser Zeit der Verlebtheit, wo die Domainen der Kaiser in das Riesenhafte wuchsen, der Grundbesitz der Großen in sämmtlichen Theilen des Reichs zu einer politischen Macht wurde, und der für damalige Verhältnisse kleine Grundbesitzer, der allein den Immobiliarkredit hätte benutzen können, zu einer problematischen Existenz herabsank, enthalten unsere Rechtsquellen, insbesondere die Titel der Codices de omni agro deserto et quando steriles fertilibus imponuntur, ut nemo ad suum patrocinium suscipiat rusticos vel vicos eorum (Cod. Just. 11, 58 und 53), de patrociniis vicorum (Cod. Theod. 11, 24). Aurelian ertheilte einen durch Konstantin wiederholten Befehl, die städtischen Senate wegen wüste gelassener Besitzungen, für welche sich die Herren nicht wiedergefunden haben, zu den Abgaben anzuhalten, Valentin und Valens hielten es für passend anzuordnen, daß jeder, welcher verlassene Grundstücke wieder in Kultur nehmen wollte, erst durch Bürgen oder Pfand Sicherheit gegen Wiederverlassung dieser Grundstücke stellen sollte. Mehrere Kaiser bestimmten, daß jeder Pächter fruchtbarer Kommunalländereien zur Vermeidung der Entsetzung unfruchtbare Aecker mit in Kultur nehmen solle, Arkadius und Honorius bestimmten, daß, wer fruchtbare Landgüter in Besitz habe, die zu denselben Landkomplexen gehörigen unfruchtbaren Ländereien übernehmen müsse. Dieselben veranstalteten einen allgemeinen öffentlichen Aufruf der Eigenthümer aller verlassenen Ländereien, ebenso Honorius und Theodosius. Alles Bestimmungen, welche durch das kurzsichtigste und einseitigste Steuerinteresse diktirt waren. Nach Konstantin erscheint in den Gesetzen ein Patrocinium der Vornehmen, dem sich kleinere Eigenthümer ergaben, um Vertretung und Schutz den Zöllnern gegenüber zu erlangen[1]). Die Gesetzgebung wußte nichts Weiseres, als dieses Patrocinium einfach zu verbieten: der Notar, welcher solchen Vertrag aufzunehmen sich unterstanden, sollte mit Verlust seines Vermögens gestraft werden, die Besitzungen derjenigen, welche sich in das Patrocinium des Anderen begaben, sollten konfiszirt werden. Der Andere, welcher die Steuerpflicht dieser gegen eine Abgabe übernommen hatte, sollte, falls er von höherem Stande, eine Buße von hundert Pfund Gold erlegen, falls er von mittelmäßigem Vermögen, mit dem Verlust seiner Habe gestraft werden.

Zu dieser Unsicherheit des Grundeigenthums kam dessen Unsichtbarkeit. Der Pfandgläubiger konnte nicht leicht feststellen, ob der Verpfänder Eigenthümer war. Es konnte zwischen zwei Interessenten eine Kaufs-Causa bestehen und dennoch nur eine Sachübergabe zu Detention oder Besitz stattfinden. Der Käufer konnte die Sache bis zur Preiszahlung miethen und in Folge dessen ohne animus transferendi et accipiendi dominii ausgeantwortet erhalten. Verkauf und Uebergabe durch einen Stellvertreter brachte, wenn demselben die Uebergabe in letzter Stunde untersagt war, keinen Eigenthumsübergang zu Wege. Beim pactum reservati dominii ging das Eigenthum trotz causa und traditio niemals über[2]). Unverkennbar ist außerdem die allgemeine Unbestimmtheit und Verflüchtigung des Besitzes und der Tradition bei offenen Grundstücken[3]), eine Unsicherheit und Unerkennbarkeit, welche den Bedürfnissen dinglicher Rechtsnaturen direkt widerstrebt. Die so genannte Thatsache der Besitzübertragung, die, schon abgesehen von den Komplikationen des Mitbesitzes und des Besitzes an Grundstückstheilen, selbst für den Augenzeugen schwer erkennbar ist, wie geschehen ist, dafür als Beweis und Garantie aufzufassen, daß der vorige Eigenthümer nicht bloß habe veräußern wollen, sondern wirklich veräußert habe, ist nichts als theoretische Grille.

Die Verpfändung durch den Nichteigenthümer gab dem Gläubiger

---

[1]) vgl. Puchta, Inst. II, S. 536.

[2]) Leist, Mancipation und Eigenthumstradition, S. 205—207.

[3]) Bähr, die preußischen Gesetzentwürfe über die Rechte an Grundvermögen, S. 59 flg.

kein Pfandrecht und nur, wenn der Verpfänder redlicher Erwerber war, einen dem Anspruch dieses Letzteren entsprechenden dinglichen Anspruch auf Herausgabe der Pfandsache[1]).

Zu dieser Unsichtbarkeit des Eigenthums gesellte sich eine verhängnißvolle Verschleierung der Hypotheken, welche um so unglücklicher wirkte, als das einzige schwächliche Gegenmittel, die kriminelle Strafe betrüglicher Verpfändung, nicht anwendbar war in Beziehung auf gesetzliche Pfandrechte und solche, welche von dem Vorgänger des Verpfänders herrührten. Leo's Versuch, eine Pfandrechtspublizität zu schaffen, deren Verhältniß zu den gesetzlichen Hypotheken vielleicht selbst den Zeitgenossen nicht klar gewesen, deren einziger reeller Vortheil in der Verhütung betrüglicher Zurückdatirungen bestanden zu haben scheint[2]), ist eine reine Velleität geblieben; die öffentliche Vorladung der Pfandgläubiger beim Verkauf (l. 6 Cod. de remissione pignoris, 8, 26) war aber ein zweischneidiges Instrument.

Ueber die römische Pfandrechtsordnung hat Thibaut[3]) das letzte Wort gesprochen. „Alle Privilegien, welche frühere wohlerworbene Rechte brechen oder willkürlich beschränken, sind eine wahre Pest. — — Allein was ist unter den Kaisern geschehen, und bis zu welcher grenzenlosen Unverschämtheit ist die Sache getrieben! Der Fiskus erscheint vor allen Dingen hoch begünstigt. — — Zu jener Schamlosigkeit sind denn noch allerlei läppische Mildigkeiten hinzugekommen, wohin ich namentlich das privilegium dotis der Ehefrauen rechne. — — Allein so sollte es nun einmal sein: ein Privilegium hinter dem andern, eines wieder über das andere, und das ganze Sicherheits-System so durchlöchert, daß die Gesetzgebung am Ende sich selbst ein testimonium paupertatis ausstellen mußte. Denn so kann man doch wohl die Vorschrift der Nov. 72 cap. 6 nennen, daß in der Regel, wegen der Gefährlichkeit des Ausleihens, Mündelgelder ruhig in dem Kasten des Vormunds liegen bleiben sollen!"

Zu alledem kam die Duplizität der Geltendmachung des Pfandrechts, indem zur Begründung der dinglichen Pfandklage sowohl der Beweis der giltigen Verpfändung als auch der der Entstehung der Forderung erforderlich war, der durch die Wucht seiner Logik bedeutsame aber höchst unpraktische Satz, daß der nachstehende Pfandgläubiger garnicht, jedenfalls nicht mit bleibender Wirkung dem vorgehenden Pfand-

---

1) Windscheid, Pand. § 230.

2) Jäger, Neue Beiträge zur Fortbildung des Bodenkredits, S. 32.

3) Civilistische Abhandlungen, S. 308 flg.

gläubiger gegenüber, verkaufen konnte, der zweijährige Indult, der den Verkauf aufschob, das Recht des Schuldners, noch binnen zwei Jahren nach zugesprochenem Eigenthum das Pfand wiedereinzulösen, und die schließliche Eviktionspflicht des verkaufenden Pfandgläubigers, daß nicht ein anderer ein besseres Pfandrecht hat.

Zu einer gerechten Würdigung der großartigen Verdienste der altpreußischen Hypothekengesetzgebung kann man nur gelangen, wenn man die Hemmnisse einzeln betrachtet, welche die römisch-rechtliche Doktrin dem Muth und dem Nationalgefühl unserer alten Gesetzgeber stellte[1]). Trotz der größten Hochachtung vor den Leistungen des altpreußischen Kreditwesens darf man aber der Grundschuld vor der Hypothek die Vorzüge der Klärung und Verselbständigung, der Einheitlichkeit und Konsequenz mithin der Potenzirung des Realkredits lassen. Ist doch auch diese, äußerlich moderne, Verwirklichung eines soliden germanischen Rechtsgedankens nur ein Schlußglied in dieser harmonischen Entwicklung unseres nationalen Eigenthumsrechts, nicht mit einem Schlage fertig zu Tage getreten, sondern durch die frühere Entwicklung langsam aber sicher vorbereitet.

Die Grundschuld bedeutet gegenüber der Hypothek die Klärung des Realkredits.

Die angebliche[2]) Nothwendigkeit der Mischung von Personalkredit und Realkredit ist eine Täuschung. Nur für schlechte Hypotheken kann diese Mischung den Kredit in ganz kurzen Anläufen erhöhen. Bei sicheren Hypotheken bedeutet diese Mischung eine nicht nur unnütze, sondern geradezu **schädliche Verschleierung** des Realkredits, denn es ist wohl nicht zu bestreiten, daß die leichte Begebbarkeit der Hypothek für den Verkehr viel wichtiger ist, als die Erleichterung der Konstituirung, da jene die Kündigungen, und das ist die eigentliche Hypothekennoth[3]), verhindert.

---

[1]) vgl. **Dernburg** und **Hinrichs**, die historische Entwicklung des preußischen Hypothekenwesens in der Einleitung zum preußischen Hypothekenrecht, S. 3, 15, 21.

[2]) Med. disc. S. 49.

[3]) Man will ausgerechnet haben, daß bei irgend hoher Verschuldung des Grundbesitzes der Gesammtbetrag aller Hypotheken leicht doppelt so hoch sein kann, wie der Gesammtbetrag aller Umlaufsmittel in demselben Lande. **Roscher**, Nationalökonomie, Band 2, S. 388. Die Unsicherheit solcher Schätzungen liegt freilich auf der Hand. Der Berliner Magistrat hat im Jahre 1865 den städtischen Grundbesitz Berlins auf 320 Millionen Thaler Werth und 256 Millionen Thaler Schulden geschätzt. Der preußische ländliche Besitz soll damals 4500 Millionen Thaler Werth und 2250 bis 2500 Millionen Thaler Schulden repräsentirt haben. **Jäger**, die Fortbildung des Bodenkredits, S. 11.

Der Erwerber weiß nicht, wieviel Werth der Veräußerer auf den Personalkredit gelegt hat, weiß aber, wie unsicher diese Rücksicht ist. Der Fleiß und die Intelligenz des Besitzers ändert sich mit jedem Besitzwechsel, und die Häufigkeit dieser Wechsel ist ein Faktor, mit dem die Grundkredittheorie heute in erster Linie rechnen muß[1]). Dem übrigen Vermögen des Besitzers gegenüber tritt Konkursrecht ein. Das einzig Reelle bei dieser persönlichen Rücksicht, die Haft des zahlungsfähigen Konstituenten nach dem Eigenthumswechsel, ist für diesen ein so lästiger Zufall, daß hier selbst der entschiedenste Vertreter[2]) jener angeblichen Nothwendigkeit der Vermischung des Personalkredits und Realkredits für die Entledigung dieser Haft plaidirt, und das Gesetz diesem Zufall eine eigenthümliche Grenze gesteckt hat, sofern die Hypothek übernommen wird.

Mit anderen Gegnern der Scheidung des Realkredits und Personalkredits läßt sich rechten. So mit Jäger, welcher eine solche Trennung zwar auch als unnatürlich bezeichnet, weil der Grundbesitz nur durch die Betriebsamkeit des Besitzers Ertrag gebe, Werth und Kredit daher nicht allein von dem Boden und den Gebäuden, sondern auch von den Eigenschaften des Besitzers abhänge, welcher sich aber vor der Veränderlichkeit dieser personellen Rücksichten nicht verschließt, auch anerkennt, daß man zunächst nur die dingliche Sicherheitsgarantie bei der Hypothek im Auge hat, und also dazu gelangt, den persönlichen Forderungstitel nur als eine sehr schätzbare Beigabe unserer Hypothek zu bezeichnen[3]).

Man kann das zugeben und muß dennoch bestreiten, daß damit gegen den Rechtsgedanken der Grundschuld irgend etwas gewonnen ist. Die Verbindung der persönlichen Haft mit der Grundschuld ist vollständig gewährleistet. Die Causa der Grundschuld kann ja konservirt werden. Wo der Bestellung derselben z. B. eine Darlehnsschuld zu Grunde liegt, und diese persönliche Schuld als eine schätzbare Beigabe

---

[1]) Nach Robbertus haben die preußischen Rittergüter in den dreißig Jahren von 1835 bis 1864 durchschnittlich mehr als zweimal den Besitzer gewechselt. 60 pCt. aller Besitzveränderungen sollen damals auf freiwillige, 34 pCt. auf Erbsübertragungen gefallen sein. Die Zahlen der jährlichen Auflassungserklärungen enthalten die neueren preußischen Justiz-Ministerial-Blätter.

[2]) Med. disc. S. 251 Anm.

[3]) Fortbildung des Bodenkredits, S. 138, 157, 160. Wenn dieser Schriftsteller freilich die persönliche Haft als Voraussetzung der Mobiliar-Exekution betrachtet und glaubt, daß der Grundschuldgläubiger auch bei dem kleinsten Zinsrückstand auf die zeit- und kostspielige Immobiliarexekution angewiesen sei, so irrt er. Täglich werden Mobiliarexekutionen in Grundstücke vollstreckt. § 30 Eig. Ges.

des dinglichen Rechts erscheint, da ist es sehr einfach, außer der Bewilligung der Eintragung der Grundschuld ein Bekenntniß der Darlehnsgabe mit der Notiz zu fixiren, daß zur Sicherung derselben eine Grundschuld bestellt worden. Die Verbindung der persönlichen Haft mit dem dinglichen Recht ist hier nur rationeller wie bei der Hypothek, weil es den Bedürfnissen des Verkehrs und dem Willen der Interessenten überlassen bleibt, im Verkehr des Rechts diese Verbindung zu erhalten oder zu lösen. Absatz 2 § 52 Eig. Ges.

„Im Verkehr — so schrieb von der Hagen[1]) schon im Jahre 1836 — rechnet keiner der Interessenten darauf, daß die persönliche Verbindlichkeit praktisch werden soll, der Gläubiger nicht, weil er, so lange das Realverhältniß besteht, nicht sie, sondern dieses geltend machen will, und weil er, wenn er befürchtete, daß die Hypothek ihn nicht ohne dies decke, den Kredit nicht geben würde, und der Schuldner ebenfalls nicht, weil auch er auf die Realsicherheit sich verläßt und überhaupt meist nicht Kredit nimmt, um zurückzuzahlen, sondern um, wenn der Gläubiger das Kapital kündigt, ihm einen Cessionar zu substituiren. — — Dieses Verhältniß währt eine Reihe von Jahren fort, während deren weder der Gläubiger des persönlichen Schuldners noch dieser jenes gedenkt, ihre Personen sich ebenfalls durch Sterbefälle, Cessionen u. s. w. verändern und so sehr gegen einander entfremden, daß der Gläubiger nicht mehr weiß, wer sein persönlicher Schuldner, und der Schuldner nicht mehr, wer sein Gläubiger ist, der Erbe des Schuldners vielleicht nicht mehr, daß er einen Gläubiger hat; und nur der Zufall, wenn etwa einmal die Post bei einer Subhastation Ausfall erleidet, ruft nach langer Zeit das ursprüngliche persönliche Verhältniß in die Erinnerung zurück, wo denn das Aufwachen dieses, im Bewußtsein verjährten persönlichen Anspruchs eher als ein Unrecht, denn als ein Recht erscheint.“ —

Die Grundschuld hat der Hypothek gegenüber den Vorzug der inneren und äußeren Konsequenz.

Sie hat den Vorzug der inneren Konsequenz. Das logische Erforderniß, daß die Klage aus dem Accessorium den Beweis des Prinzipale erbringt, hat die Praxis längst aufgegeben. Selbst die unrichtige Bezeichnung der Schuld in der Eintragungsurkunde hat der Hypothek nichts geschadet. In beiden Richtungen ist das alte Recht auf dem Wege der Formalisirung des Hypothekenrechts stehen geblieben. Indem das Gesetz ferner den Erwerber der Hypothek gegen Einreden sicher

---

[1]) Hypothek des Eigenthümers, S. 278, 279.

stellte, die aus der Person des Autors gegen den Fortbestand des eingetragenen Anspruchs hätten erhoben werden können, sofern sie ihm beim Erwerb unbekannt geblieben waren, schuf es eine Art nezessairer, gesetzlicher, das heißt civilistisch unerklärlicher Novation des dinglichen Rechts ohne Mitwirkung des Eigenthümers des verpfändeten Grundstücks. Die Versuche, dieses Phänomen mit feststehenden Begriffen zu vermitteln, sind als gescheitert zu betrachten. Insbesondere ist der gute Glaube des Erwerbers ganz unfähig, solche Formalisirung des Rechts zu schaffen. Derselbe ist hier — anderwärts und besonders bei der Usukapion mag das anders sein — seiner innersten Natur nach nichts Positives, sondern eine bloße Verneinung, die Unkunde des materiellen Unrechts[1]). Anderenfalls würde ja der Schutz der Publizität zu einem Glaubenszwang, zu dem ungeheuerlichen Zwang positiven Glaubens an die Wahrheit der Bucheintragungen. Diese Unlöslichkeit des Räthsels, wie das materielle Recht durch seine Uebertragung ein Formalrecht werden soll, ist auch in der bedeutenden und die vollste Hingabe an die treibenden Gedanken des alten Rechts bekundenden Monographie von Prinz anerkannt. Er erklärt, daß hier ein Bruch des Privatrechts klafft, daß hier eine Anomalie, eine begriffswidrige Aenderung der Natur des Hypothekenrechts auftritt, und daß Utilitätsrücksichten diesen Hypothekenbuchsverfassungssatz geschaffen haben, der in schneidendem Widerspruch zu dem Rechtssatz stehe, daß niemand mehr Recht übertragen kann als er selbst hat[2]). Und in der That ist das reine Recht, das durch die Abstraktion von seinem faktischen Rechtsbestand dem Urtelsrecht angenäherte Recht ein höheres Recht, ein Mehr von Recht als das dem Faktum immanente Recht. Rechtspolitisch darf man jedenfalls zweifeln, warum diese unerklärliche Formalisirung des dinglichen Rechts erst in der Hand des Erwerbers eintreten soll, wenn es dem Gesetz gelingt, auch bei der rationelleren prinzipalen Formalisirung des Rechts die aus dem faktischen Rechtsbestand der Eintragung resultirenden Gegenrechte dem ersten eingetragenen Gläubiger gegenüber ausreichend zu wahren.

Die Grundschuld hat der Hypothek gegenüber den Vorzug der äußeren Konsequenz. Das persönliche Recht der Hypothek wird trotz ihrer erheblichen Interessen für keinen gleich — oder nacheingetragenen Gläubiger ausreichend publizirt, und für den Erwerber der Hypothek

---

[1]) Uebereinstimmend Prinz, der Einfluß der Hypothekenbuchsverfassung auf das Sachenrecht, S. 34, 44.

[2]) a. a. O. S. 29 flg., 32, 34, 224 flg., 228, 229.

da, wo kein Dokument gebildet gewesen, erst durch die Aushändigung des Dokuments. „Publizirte Pfandrechte, d. h. publizirte Accessionen nicht zu publizirender Rechte, sind inkonsequente Bildungen, [die gedankenlos bei uns angenommen sind von solchen, die der Schulzucht des römischen Rechts noch nicht entwachsen waren]. Dem Gesetzgeber, der das Recht derselben zu normiren hätte, ist eine an sich unlösbare Aufgabe gestellt: führt er den Gedanken der Publizität konsequent durch, so verwischt sich der Accessions-Karakter; wird dieser festgehalten, so muß die Publizität sich Einschränkungen gefallen lassen. Wie auch die entscheidende Linie gezogen werden mag, sie wird willkürlich erscheinen, Zweifel und Streit mehr anregen, als abschneiden. Dem praktischen Bedürfniß aber, liegende Gründe auch durch Verpfändung auszunutzen, wird dadurch genügt, daß man den Grundstücken die Immobiliarschuldbriefe substituirt, die ebenso bequeme wie sichere Pfandobjekte sind[1])".

Die unklare Idee, daß Beutelschneider und Bauernfänger höherer Gattung mit Vorliebe mit der Grundschuld marchandiren würden, hat sich nach unserer Erfahrung bis jetzt keineswegs bewährt. Diese Befürchtung wirkt auf weniger ängstliche Naturen einigermaßen erheiternd, da sie jener Kategorie des Publikums zumuthet, den Gegensatz der hypothekarischen und grundschuldmäßigen Einredebeschränkung erfaßt zu haben, der bisher als eine der cruces der Gesetzesinterpreten gegolten hat, und da dem Helfershelfer des Beutelschneiders niemals nachzuweisen ist, daß er ein Recht auf die Hypothek gegen Entgeld erworben hat, und daß ihm die Einrede aus dem persönlichen Schuldverhältniß vorher bekannt geworden ist. Dasselbe Argument müßte sich gegen alle Abstraktionen vom faktischen Rechtsbestand (Stipulation, Wechsel, Inhaberpapier u. s. w.) auflehnen. Von Lug und Trug hat sich die Hypothek wahrhaftig nicht frei halten können. Gewisse Exempel legaler Gaunerei sind bei der Grundschuld sogar nicht möglich, z. B. daß der Gläubiger einer von einem zahlungsfähigen Eigenthümer zur sicheren Stelle konstituirten Hypothek der von einem insolventen Eigenthumsnachfolger ihm zu einer völlig unsicheren Stelle gebotenen Hypothek nur die Priorität einzuräumen braucht, um jenen zahlungsfähigen Nichteigenthümer nach dem Ausfall der anderen Hypothek persönlich in Anspruch zu nehmen. Gerade weil der chikanöse Rekurs auf den faktischen Rechtsbestand durch

---

[1]) S. 38 und 39 des auf Veranlassung des Herrn Kanzlers im Januar 1868 veröffentlichten Entwurfs einer Grundbuch-Ordnung für das Gebiet des norddeutschen Bundes.

die Bestellung der Grundschuld abgeschnitten wird, und dennoch solche Elemente desselben, welche nicht beseitigt werden sollen, konservirt werden können, bedeutet die Grundschuld nicht nur wirthschaftlich sondern auch juristisch eine Verselbständigung und Sicherung des Realkredits.

Allgemein hörte man seit Rodbertus in politisch interessanter rückläufiger Tendenz das Verlangen des Grundbesitzes nach langfristigen Krediten. Daß oft viele Jahre dahingehen, bis die auf das Grundstück verwandten Kapitalien aus demselben wieder eingezogen werden können, ist ein Argument, das nur so lange besticht, als man nicht das Grundstück selbst als Kapital betrachtet. Allerdings ist eine Schranke des Kredits überall anzuerkennen, wo aus der jetzigen Leistung nicht die künftige Gegenleistungsfähigkeit erwächst[1]). Daraus folgt aber noch nicht; daß die Gegensätze des Produktivkredits und des Konsumtivkredits die Kredittheorie erschöpfen. Es existirt auch ein Konservativkredit, der vorübergehende Stockungen überwinden hilft, der Veräußerungen bis zu günstigen Konjunkturen aufhält, der unwirthschaftliche Theilungen des Grundeigenthums ersetzt. Dieser Konservativkredit dient mittelbar der Produktion. Je mehr außerdem tagtäglich Landwirthschaft und kaufmännisches Gewerbe in dem landwirthschaftlichen Fabrikbetrieb sich verquickt, desto stärker wird das Bedürfniß des Landwirths gerade nach kurzfristigen Krediten. Die Leichtigkeit, mit der Grundschuld kurzfristige Kredite zu binden und zu lösen, ohne sich den unendlichen Zweifeln der verschiedenen Theorien über die Hypothek des Eigenthümers und deren Konsequenzen auszusetzen, die Unzweifelhaftigkeit des Rechts des Grundeigners an der Grundschuld nach dem Verkauf des Grundstücks, die Möglichkeit, die letzten Stellen zuerst aufzunehmen und die ersten für Nothfälle zu reserviren, die Verhütung der Simulationen durch Vorschiebung dritter Personen, die formelle Erleichterung der Negoziabilität, welche bis zu einem gewissen Grade die Unkündbarkeit ersetzt, die Vermeidung der geschäftlichen Weiterungen und juristischen Zweifel über den Bestand der Hypothek, wenn eine versprochene Geldaufnahme nach der Eintragung der Hypothek nicht zu Stande kommt — alles das sind Aeußerungen der Einheitlichkeit und Klarheit des Prinzips der Grundschuld, deren einzelne formelle Hemmnisse[2]) legislativ überwunden werden müssen. —

---

[1]) vgl. Schäffle, das gesellschaftliche System der menschlichen Wirthschaft. 2 Aufl. S. 240.

[2]) vgl. Loebell's Studien zur Grundbuchordnung, S. 17 flg. Wir schlagen vor, die Zinsquittungsscheine bei den betreffenden Postämtern (mindestens fakultativ)

Man hatte sich gewöhnt, die Reallasten als ein verschwundenes Phänomen zu betrachten, als eine morsche Ruine eines früher imposanten Bauwerks, dessen Zerstörung parallel gehe mit dem Fortschritt der Volkswirthschaft.

Dieser Auffassung ist von bedeutenden Seiten bereits widersprochen[1]).

Ist es richtig, daß die Grundschuld in allen Stücken nur eine Konsequenz des Grundgedankens der Reallast ist, dann erblicken wir in der, auf diesem Gebiet nicht zuerst beobachteten Thatsache, daß derselbe Rechtsgedanke, welcher zu zwei ganz verschiedenen Zeiten sich Anerkennung verschafft, das zweite Mal anscheinend ganz unabhängig von seiner früheren Existenz hervorgetreten, den sichersten Beweis seiner Kraft und Berechtigung.

---

domiziliren zu lassen. Die Realisirung dieser Scheine ist gegenwärtig für den Inhaber des Scheins gerade so umständlich wie für den Grundeigner lästig. Kommen sie in Kurs, fallen sie am Leichtesten in die Tresors der Banquiers unterster Kategorie. Das Postamt müßte jeden Schein, für den keine Deckung eingegangen, ohne Weiteres als Mandatsklage an das Gericht abgeben. Dann könnte man auch die Kündigungen der Grundschulden durch Aushang in der Postamtsstube veröffentlichen und das Amt zu Antworten auf auswärtige Anfragen verpflichten.

[1]) von Gerber, Privatrecht, § 168. Stobbe, Privatrecht, Band 2, S. 211 und 221. Friedlieb, Reallasten, S. 296.

Buchdruckerei von Gustav Schade (Otto Francke) in Berlin N.

FSC
www.fsc.org
MIX
Papier | Fördert gute Waldnutzung
FSC® C083411

Kolibri 360 GmbH
Ferdinand-Jühlke-Straße 7
99095 Erfurt, Deutschland
produktsicherheit@kolibri360.de